VdN

F. H
Christag 1829.

Weihnachten im alten Hessen

Herausgegeben von
Gerd J. Grein

Verlag der Nation

Umschlagbild: Carl Engel von der Rabenau, Weihnachten bei den de Bary-Gontards, Ölgemälde von 1853, Privatbesitz Frankfurt a. M.

Bibliografische Information Der Deutschen Bibliothek
Die Deutsche Bibliothek verzeichnet diese Publikation in der Deutschen Nationalbibliografie; detaillierte bibliografische Daten sind im Internet über <http://dnb.ddb.de> abrufbar

Satz: Fotosatz Husum GmbH
Druck und Verarbeitung: Husum Druck- und Verlagsgesellschaft
Postfach 1480, D-25804 Husum – www.verlagsgruppe.de

ISBN 3-373-00513-2

Einleitung

Das Wort „Weihnachten“, unter dem wir das Christfest oder den Heiligen Christ – das Gedächtnisfest der Geburt Jesu – verstehen, kommt vom altdeutschen „ze wihen nahten“ und heißt wörtlich: an (zu) den heiligen Nächten.

Erst seit dem vierten Jahrhundert ist Weihnachten das christliche Hauptfest; der 25. Dezember ist nicht nur der Tag der Geburt des Heilands, sondern auch der Tag, der nach dem julianischen Kalender als Wintersonnenwende gilt, dem man symbolisch auch die Bedeutung des aufgegangenen geistigen Lichtes gibt. Das Weihnachtsfest wurde erstmalig von den Gnostikern gefeiert, jenen ersten Christen, die mit ihrem religiösen Glauben philosophische und mystische Geheimnisse verbanden, denen darum die Geburt Jesu besonders wichtig erschien. Die Gnostiker feierten Weihnachten nicht am 25. Dezember, sondern am 6. Januar, dem Tage von Christi Taufe.

Aus dem ersten Jahrhundert stammt die erste Kunde über eine Geburtsfeier Christi. Ein Papyrusstreifen aus Ägypten enthält gewisse liturgische Anweisungen für diese Feier der morgenländischen Kirche. Die Geburtsfeier wurde alsbald von der abendländischen Kirche übernommen, und erstmalig findet man im Jahre 354 in einem Verzeichnis kirchlicher Feste am 25. Dezember den Vermerk: Christus zu Bethlehem in Judäa geboren. In diesem Jahre wurde Christi Geburt an seinem tatsächlichen Geburtstage gefeiert und nicht, wie in vergangenen Jahren, am Tauftage, dem 6. Januar. Es besteht die Möglichkeit, dass das Geburtsfest auch schon Jahre oder gar Jahrzehnte vorher an diesem Tage gefeiert wurde, jedoch fehlen darüber sichere Nachrichten und Beweise. Durch die Synode zu Mainz wurde das Geburtsfest des Heilands in Deutschland im Jahre 813 eingeführt, und von Mainz aus verbreitete sich das Weihnachtsfest immer weiter.

In den verschiedenen weihnachtlichen Bräuchen finden wir eine Vielzahl von Brauchhandlungen und Motivationen, die durch den christlichen Glauben und die Christgeburt alleine nicht zu begründen sind. Bereits vor der Ausbreitung des Christentums war die Mittwinterzeit von allerlei Zeichen und Brauchhandlungen erfüllt, die das Alte, das Abgestorbene überwinden und vergessen lassen sollten, um dem Neuen, Glückbringenden den Weg zu weisen.

Unsere heidnischen Altvorderen kannten das Julfest (Julklapp). Die Wintersonnwende, die nach ihrer Auffassung neues Leben in die Natur brachte, wurde besonders feierlich begangen, und daraus erklärt sich, dass viele der germanischen Sitten, Bräuche und Zeremonien sich offensichtlich nach der Christianisierung noch weiter erhalten haben und nahtlos in den christlichen Kult übergingen.

Die bunte Fülle der Religionen und Kulte des Abendlandes zu Beginn der Zeitrechnung begünstigte die Weihnachtsfeier offensichtlich, obwohl das Christentum zunächst nur eine von vielen Glaubensrichtungen war. „Zwei große weltanschauliche Bewegungen des 3. und 4. nachchristlichen Jahrhunderts beförderten bewusst und unbewusst die Einsetzung des 25. Dezember als Christi Geburtsfeier: der Mithras-Kult und der Arianismus. Hippolytos, Gegenpapst im Schisma der römischen Kirche (um 217) und strengster Feind des antichristlichen Imperiums um Kaiser Heliogabalus (218–222), begann, sich für das Christgeburtsfest am 25. Dezember zu engagieren, als sein Gegner diesen Termin als Hochfest des mittelmeerischen Sonnenkults, als Geburtstagsfeier des sol invictus (der unbesiegbaren Sonne), einsetzte. Die Terminsetzung des Hippolytos war also zunächst ein Protest gegen die aufgedrängte römische Reichsfeier für den Sonnengott. Zugleich wandte er sich damit auch gegen das populäre Fest der ägyptischen Gottheit Isis mit der Geburt des Horus-Kindes, das ebenfalls zur Zeit der Wintersonnwende stattfand."

Als dann auch bei der Missionierung Mittel- und Nordeuropas die Feier der Christgeburt an die Stelle des heidnischen Julfestes trat, war allerdings das Weihnachtsfest im heutigen Sinne noch lange nicht bekannt. Die Christgeburtsfeier war lediglich ein allgemeiner kirchlicher Feier-

Holzschnitt von Anneliese Reichmann (1902–2001)

tag und der Jahresanfang nach dem kirchlichen Kalender. Ein häusliches, familiäres Fest der Liebe war es damit noch nicht. Erst die Krippenspiele des frühen Mittelalters und die Darstellung der Christgeburt in der sakralen Kunst trugen zur Popularisierung des Festes bei. Das Weihnachtsfest, so wie wir es heute kennen, mit dem lichtergeschmückten Weihnachtsbaum, als Fest der Familie mit den vielschichtigen Schenkriten, hat sich jedoch erst ab dem vorigen Jahrhundert so richtig entwickelt.

Unser Hessenland gehört zu den deutschen Landschaften mit dem ausgeprägtesten Weihnachtsbrauchtum. Zunächst haben sich die Familien der Standesherrschaften der Schenksitten zu Weihnachten angenommen, und mit dem Erstarken des Bürgertums entwickelte es sich in der ersten Hälfte des 19. Jahrhunderts zu dem Familienfest, wie wir es heute kennen. Auf dem Land wurden die Brauchinhalte gegen Ende des 19. Jahrhunderts angenommen, und so hat das Weihnachtsfest seinen Stellenwert erhalten, den wir so sehr schätzen.

Hessen könnte man neben dem Erzgebirge als wahres Weihnachtsland bezeichnen, nicht nur weil der langjährige Landesvater Hans Eichel am 24. 12. geboren wurde, sondern weil die liebenswerten Sächelchen unter dem Gabentisch vielfach aus Hessen stammen. So liefert der Odenwald seit Jahrhunderten die beliebten Gäulchen und die Honiglebkuchen. Die Duftstoffe für die Räuchermännchen kommen ebenfalls aus dem Odenwald und die meisten Dresdner Stollen sollen aus der Backstube einer südhessischen Großbäckerei stammen! Und wenn wir schon bei den Superlativen sind: In Schlitz rühmt man sich, die größte Weihnachtskerze alljährlich zu gestalten, indem man den Turm der Hinterburg mit seinen 42 m Höhe umfunktioniert, in Rotenburg an der Fulda war die bislang höchste Weihnachtspyramide mit 14 Metern zu verzeichnen, und in Hünfeld rüstete man die Fassade des Rathauses zum Adventskalender um.

Was das Weihnachtsfest und die frohe Zeit davor sonst noch ausmacht, ist in diesem Buch verzeichnet. Den Liebhabern des urdeutschen Familienfestes wünsche ich viel Spaß und Freude beim Lesen.

Gerd J. Grein

Die Weihnachtsgeschichte in hessischen Mundarten

„Der Engel hot sich ausgekennt im Worschtkessel“

Eine hessische Schilderung der Umstände, unter denen die Hauptperson des Weihnachtsfestes das Licht der Welt erblickte

Wor däß e Uffregung in dem Juddeland, als es die Römer besetzt gehalde hadde un de Cyernius dene ihr'n Owwermadschores gewese is. Die dappische Römer hadde sich nemlich in de Kopp gesetzt, all die Leut in ihr'm mächtige Reich zehle un uffschreiwe zu losse. Dodemit wollt se nemlich in Erfahrung bringe, was se in Zukunft für Steuern un Abgawe zu erwarte hadde: Un däß is schließlich de tiefere Sinn von jeder Volkszählung!

Damit die Invendur aach ihr Richtigkeit hawwe duht, mußt jeder in die Stadt laafe, wo er her gewese is, um sich dort eitrage zu losse. Also mußt aach de Joseph aus Nazareth in Galiläa uff die Walz un uff Bethlehem, der Stadt Davids, mit dem er iwwer siwwe Kellerlöcher verwandt wor, dabbele. De Joseph wor verheirat mit de Maria un von Beruf en Balkewatz: er hadd e gutgehend Zimmermannsgeschäft un hot was verstanne von seum Beruf. Un weil sellemols gude Handwerker schon rar worn, hadd er iwwer mangelnde Uffträg aach net zu klage gehabt. Dessentwege is em die Ufforderung, alles liege un stehe zu losse, um nach sei'm Heimatort zu laafe, orsch ungelege gekomme, denn schließlich hot Bethlehem net grad um die Eck gelege. Was hadd er alles uff seuner List stehe gehadd: De Feitel wollt e neu Dach fer seu aal Scheuer, de Aaron die Schwell noch seuner Hinnerstubb ausgewechselt hawwe, die Judith e greeßer Diehr in ihr'n Gaaßestall un dann stand noch de Garte in voller Pracht. Die Ebbel, die Feige, die Quetsche worn abzumache un die drei Reihe Salat worn schon am Schieße. Es wor also eizusehe, däß er net abkömmlich wor un doch könnt er sich dem Befehl von dene iwwerzwerche Römer net entziehe: Es wor grad zum verzwazzele!

Die Maria hot em gud zugeredd un hadd gemaant, daß des halt emol so is un däß do nix draa zu ännern wär. Die Römer wärn zwar all meschugge, awwer dehte schließlich am längere Hewel sitze. Wann sich die hohe Herrn so ebbes in de Kopp gesetzt hädde, dann mißt mer sich füge un wann de Deiwel uff Stelze käm. Un Revolutione wärn noch net erfunne! Also, hot se mit Sanftmut un gude Worte ihrn Joseph erumgekriegt (insofern hot se sich ganz un gornet von de annern Weibsleut unnerschiede). So hawwe dann die Zwaa ihrn Bell gepackt un sich uff den lange Weg vorbereit't: die Maria hot ihr zwaatbest sonntags Klaad oogezoche un en lange Baldin um die Hals gewickelt. De Joseph hot zuerst an de Proviant fer die lang Raas gedacht un hot in e rot Sackduch erst en Ranke Brot, en Schwartemage un en Backstaakees eigewickelt im e grooß Glas Gummern mitgenomme, die wo die Maria in letzter Zeit so orsch gern gässe hot.

Mer muß nämlich wisse, daß die Maria ebbes Klaanes erwart't hadd. Un däß wor em Joseph en Dorn im Aach: Als un als hot er sich Gedanke gemacht, wie däß zugange is, denn er hot sich an der Affär ganz un gor unschuldig gefiehlt. Un die Maria wollt net eraus mit de Sprach; sie hot als was vom heilige Geist un em Engel, der wo ihr ebbes verzählt hot, simbeliert. Awwer so ganz schlau is er net draus worn, un zum Schluß wollt er's gor net mehr wisse!

Unser Zwaa sin tagelang unnerwegs gewese un de Weg wollt un wollt kaa End nemme. De Staab hot in de Aage gejuckt un de Joseph mußt sich alsfort die Gorjel schwenke! Un als dann de Weg immer staaniger geworn is, hot er de Römer die Krenk un die Gaaßegichter an de Hals gewinscht. Schließlich – sie hawwe gor net mehr dro glaawe wolle – hawwe se in de Fern die Dächer im die Term von Bethlehem rötlich funkele sehe! Es wärd awwer aach Zeit, hot die Maria gemaant, denn ihr hawwe die Fieß orsch weh gedah. Awwer was ihr noch schlimmer ookomme is, wor des unbestimmte Gefiehl, daß sich ebbes in ihr rege duht un daß des Bobbelche in ihr'm Bauch schon zu trete oofängt! Es wor also allerheechste Zeit, daß se e Quartier fer die Nacht kriehe dehte, denn es wor schon orsch spät worn. Unner dene Umständ war e geräumig Doppelzimmer es Beste, hot de Joseph gemaant un hot noch em geeignete Hotel spekeliert. Mir nix dir nix, hadde se aach aans gefunne; es hieß „Central", weil's zentral gelege wor. E bissi vornehm hot's jo ausgesehe, awwer de Joseph hot gemaant, daß mer däß jo net alle Dag mecht un daß es bei besonnere Anläß ruhig e bisje mehr kosde kennt. Awwer do hadd er sich geschnidde: als er geschellt hat, kam so en eugebildete Lackaff von Portier un hot scheuheilig mit hochgezochene Augebraune gefracht, ob se ebbes reserviert hädde. Ei naa, hot de Joseph geantwort't un sei Gesicht is bedenklich rot oogelaafe. Dann deht's em laad, hot druff der Portier gesacht un hot kurzerhand die Diehr von inne zugehaache. Himmelheiland, flucht jetzt de Joseph, hawwe die in de letzte Zeid Herrschaftsbosse in Bethlehem druff. „Euer Sorje möchd ich hawwe un em Rothschild seu Geld", hot er vor sich hiegebrebelt un is dann mit seiner Maria weiter. Im „griene Baam" is e Silwerhochzeit gefeiert worn, im „golderne Ochs" is grad die Wertsstubb neu dabbeziert worn un im „Adler" hot de Wert ääbsch geguckt, wie er die Maria mit ihr'm dicke Bauch gesehe hot. So langsam hadde se all die Wertschafte abgeklappert. Awwer es wor wie verhext: wo se aach hiekomme sin, iwwerall wor's zabbeduster un nirgends wor nur e Stubb zu kriehe. Die Maria is immer klaalauter worn, als wär se von merwe Deig. Zu guder letzt sin se am annern End von de Stadt an e klaa Wertshaus komme, wo e Kränzje iwwer de Diehr rausgehonke hot. De Wert, so en uffgstumpte Fulder, der newebei noch e Metzgerei betriwwe hot un sich selbst de beste Kunde wor, wie mer an sei'm Ranze sehe konnt, hot Mitleid mit dem Häufche Uuglick gehabt un hot gemaant, daß in seitm Stall iwwer de Gass, schräg vis-a-vis, Platz war. Dort kennde se sich ihr Nachtlager uffschlage. De Joeph un ganz besonners die Maria hawwe sich umständlich bei dem Wert bedankt. Der hot awwer gemaant, sie sollte so kaa Gedees mache, schließlich kennte se jo net uff de Gass iwwernachte! Er hot dene zwaa noch en Schobbe hiegestellt (net grad von Beste) un hot gemaant, daß se sich ruhig verhalte sollte, denn in dem Stall wär noch en Ochs un en Esel, un der war orsch ferschtich! Unserne Zwaa wor alles egal un sie hawwe sich in ihr Schicksal gefiegt. Kaum hadde se ihr Better aus Heu un Stroh zurechtgemacht, do iss es aach schon bassiert: die Maria hot ohne große Fissemadende ihr Bobbelche uff die Welt gebracht – en stramme Bub, der glei gebläckst hot, daß die Wänd gewackelt hawwe! Die Maria wor iwwerglicklich un aach de Joseph hot sich gefreut, wie en klaane Schneekönich. Die Maria hot gleich e mordsmeßig Geschäftigkeit entwickelt, hot daß Bobbelche gewäsche un in Winnele gewickelt, die wo se fer alle Fäll schon debei gehabt hot. Dann mußt'se den Klaane in die Kripp von dem Esel lege, weil kaa Kinnerbettche do wor.

In de Zwischezeid hot sich drauße uffem Feld ebbes abgespielt, was all die, die wo's aagange is, ihr Lebdag net vergesse hawwe. Es wor'n nemlich Hirte mit ihrne Schäf uff de Weid un hawwe sich's gut gehe losse. Sie hawwe beienanner gesotze und gekoart und geleimt. De Bembel is umgange un die Gesellschaft is immer lustiger un lauter worrn. Uff aamol is es ganz uuhaamlich worn: Mer hot e Singe un e Klinge geheert, awwer niemand gesehe. „Ei, gibt's jetz aa noch Mussik", hot do de Conrad vorwitzig gefragt. Awwer dann is em die Spucke weg gebliwwe un er konnt gor nix mehr sage, sonnern nur noch staune. Do hot doch werklich un wahrhaftig en Engel vor ene gestanne mit eme weiße Klaad, des hot gefunkelt un geglitzert von Perle un Edelstaa. Es wor e Licht um en erum, als wann hellichter Dag war. Dene Hirte is es ganz annerster worn un sie konnde's net glaawe. Sie hawwe sich die Aache geriwwelt, als wenn se traame dehte. De Konrad hot haamlich die Schobbe gezählt, die wor er gedrunke hadd. Wann se aach sonst orsche Urumbel und Fulder gewäse sin: uff aamol hawwe se sich geferscht un es Herz is ene in die Hos gerutscht. De Engel hot glei gemerkt, was do los is, denn

5 Der son des vatters Got von art/ Ein gast in der Werlet ward/
Vnd fürt vns auß dem jamerthal/ Er macht vns erben in seim Saal/
Kyrieleis.

6 Er ist auff Erden kommen arm/ Daß er vnser sich erbarm/
Vnd in dem Himel machet reich/ Vns seinen lieben Engeln gleich/
Kyrieleis.

7 Das hat er alles vns gethan/ Sein gros lieb zu zeygen ahn/
Des frew sich alle Christenheyt/ Vnd danck jhm des in ewigkeyt/
Kyrieleis.

AMEN.

III.

Ein Kinderlied/ auff die Weihenachten / vom kindlin Jhesu auß dem 2. Cap. des Euangelij S. Luc. gezogen/
D. Martin. Luth.

1 

Euch

Aus dem Frankfurter Gesangbuch 1569

als höcheres Wese hot er sich ausgekennt im Worschtkessel. Dessentwäje hot er de rechte Arm gehowe un hot mit sanfter Stimm, als däht er es ganze Johr Griesbrei esse, gesacht: „Gell, do guckt er?! Awwer ferscht Euch net. Ich bin nur zu Euch geschickt worn, um Euch zu verklikkern, daß ebbes ganz Besonneres sich heut ereigent hot. Euch is nemlich de Heiland geborn worn, de Christus, der wo Euer Herr is. Un wenn Ihr's net glaabt, dann geht hie un guckt selwer. Däß Bobbelche leiht in ere Fudderkripp un is in Winnele gewickelt!" Un korz druff is es noch heller worrn; die Himmel sin uffgerisse un die ganze himmlische Heerscharn sin uffmarschiert, wie die Sänger un de Chor am Schluß im Opernhaus. Die Mussik is immer lauter worrn un die himmlische Heerscharn hawwe frohlockt. Un weil se aus ere annere Welt komme sin, hawwe se im beste Hochdeutsch gelobt un gerufe: „Ehre sei Gott in der Höhe und den Menschen ein Wohlgefallen!" Dann worn se uff aamol ganz pletzlich verschwunne un es wor widder dunkel, als wann nix gewäse wär!

Die Hirte worn ganz verdutzt von dem Schauspiel un sin ganz neuschierig worn, uff däß, was de Engel gesacht hot, un sie wollte sich iwwerzeuche, daß der aach net geflunkert hädd. Sie hawwe alles lieje un stehe losse un sin noch Bethlehem gedabbelt. Nur daß klaane Hänsje, däß wo noch Lehrbub bei de Herte wor, hot sei liebst Schäfche uff de Buckel genomme un hot's mitgeschlaaft. Schnurstracks sin se uff den Stall zugestiwwelt un hawwe ihr'ne Aache net gedraut: sie hawwe alles so oogetroffe, wie nämlich der Engel ihne verzählt hadd. Do hot also des Bobbelche in de Kripp geläje un hot mit de Baascher gestrampelt un gejuxt. Es hot mit seune Ärmscher gezawwelt, als wollt's noch de Sterne greife. Im Stall wor's ganz hell, obwohl nur e Stall-Latern gebrennt hot, die wo de Joseph mit em rechte Orm hochgehaale hot. An de Deck awwer sin lauder klaane Engelscher rumgfloche. Die worn so goldisch, besonners daß aane, mit dene Griebcher im Bobbes.

„Ei wißt Ihr dann, was un de Engel verzählt hot?", hawwe die Hirte gekrische. Un de Anselm, der immer gut fer e

Neuigkeit wor, hot mit seiner hohe Fistelstimm alles briewoarm hergebät', was se grad erläbt hadde. Un alle Leut, aus de Nochberschaft un vom Nochberort un von weiter her – all konnte se die wunnerlich Geschicht heern. Sie hawwe Baukletzer gestaunt! Nur die Maria is ganz still worn, obwohl se doch de greeßte Aadeil an dere Sach hadd. Sie hot sich alles genau gemerkt, was von dem Engel un von dem, was er verzählt hot, geschwätzt worn is. Sie hot uff aamol en ganz eigenartische Glanz in die Aache gekrieht un hat e ganz unbestimmt Gefiehl, als wann do ebbes ganz Bedeutendes geschehe wär: Wer's waaß, werd's wisse!

Gerd J. Grein

Bee de Heilaand uf dee Waald gekomme is (im osthessischen Dialekt)

In daare Ziit hot de Kaiser Au'usdes en Befahl gegaa, doß sech alle Liit in simm Laand in Steierlisde iitroaa meßt loss. Es woarsch 's erschde Moo, doß mer so ebbes gemoat hot, domols woar Quinmus Statthalder voo Syne. Do senn all in dee Stadt, aus daar se haarstammde, omm sech loss iisetroaa.

Do is au de Jossop us Nazareth in Galilaa enuf nooch Judaa, in em Dovid sei Stadt, dee heißt Bethlehem, ball er zoo de Noochkomme vom Dovid geheert. Do wollder sech loss iitroaa, sesomme mit de Moarrja, sinner Bruut, dee mit em Keend geng. Bee se grood doert woarn, hot dee Moarrja doss Keend gekrett, en Jong, es woar ihm erschde. Sej hot en in Wengele iigeweckelt oo in e Krepp gelaat, ball en kenner Harwer en Platz meh fir se woar.

In daare Gaajend woarn grood Herrde, dee honn in daare Noaat uf ehr Haard ufgebaßt. Do koom en Engel vom Harrgott uf se zoo un en helle Lechtschii hot um se rum gelicht. Do honn se sech uf eimool bees gefoert, ewwer dar Engel säet zo en: „Ihr brucht kei Angst se hoo! Ich soann eich e groß Freid, dee fir alle Liid im gaanse Laand gelt: Hitt is fir eich in em Dovid sinner Stadt de Heilaand gebuern, har is de Messias, de Harr. Un dodroo konnt ers erkann: Ihr fengt e Keend, in Wengele iigeweckelt, dos in erer Krepp leit.“ Un ball woarn bei damm Engel en Haufe Heerschoarn vom Himmel, dee honn Gott geloot un gesoaat:

„Ehr soll sei em Harrgott in de Heh,
un uf de Aard soll Fried sei
bei de Maansche, dee har gaarn hot.“

Bee dee Engel dann in de Himmel sereckgekaart woarn, do honn dee Herrde zoo sech gesoaat: „Kommt, mer monn nooch Bethlehem un monn doss sjeer, boss ons de Harrgott geweese hot.“

Doo senn se schweng hie un fonge dee Moarrja un de Jossob un doss Keend, dos logg in de Krepp. Un bee ses sogge, honn se verzahlt, boss en voo damm Keend gesoaat woern woar. Un all, dee doss hoerde, honn sech vill iiwer doss gewonnert, boss do dee Herrde verzahlde. Dee Moarrja ewwer, dee hot alles, boss sech do zoogetroaa hot, in ihrm Harz behalle un driwer noochgedoat. De Herrde senn sereck un honn de Harrgott fir alles geloot un gepreese, boss se do gehoert un gesjeer hadde, ball alles so gewaase is, beesen gesoaat woern war.

Rudolf Post

Lukas 2, 1-7 im Schwälmer Dialekt

Es wor ver ongefehr 2000 Johrn, do wull da römische Kaiser Augustus, daß alle Mansche i da Walt gezahlt wodde. Un doos wor des alleräschte Mol un wor ih da Zejt, wi Cyrenius ewäschter Harr ih Syrien wor. All' gehorchte see un gonge ih die Stoodt, wo see härkomme. Och da Joseph aus Nazareth, dos leijt ih Galiläa. Ha müßt noch Bethlehem ihs jüdische Laand. Senge Familie komm vo David här, dos kann mer ih da Biewel läse. Ha wull sich och schetze lesse mit Maria, senger Frä, die sull kreje ähr äschtes Kend. Un wie see nü ih Bethlehem wonn, komm des Kend oh, in kleener Jong. Maria weckelt doos Jengche ih Wengeln un leet an ih die Krepp. Söst wo kinn Platz ih da Herberje fer see. Kee Bettche fers Kend, kee Stubb, nur im Stall wor Platz fer die Familie.

Annleis Glänzer

Lukas 2, 1-7 im Odenwälder Dialekt

Es is baoll zwadausend Johr her, do hot de Kaise Augustus e Gsetz rausgäwwe, daß endlich mol di Leit im remische Reich gezäilt wem. Souwas hotts noch nie gäwwe. Dass wa zu dere Zeit, wie de Cyrenius sou was ehnliches wie en Ministepräsident in Syrien wa. Jede Mensch hot sich in seum Geburtsort in Lischte eutraoe misse. Dass wa weje de Steie.De Josef hot in Nazareth gewohnt, dass is e Stadt in Galiläa. Weil är vun frieher mimm Kenich David vewant wa, hot är den weire Wäg nooch Bethlehem mache misse. Bethlehem is e Stadt in Judäa. Di Maria wa seu Velobte, di hot är a mitgenumme. Dass wa alles nit sou aofach, di Maria hot nemlich was Klaones ärwat. Kaum waan se dort in Bethlehem, isses a schunn ougange. Di Maria hot ehr erseht Kind krikt, ess wa en Bu. Weil alles drunne unn driwwe gange is sällemols, unn in kaner Wertschaft Platz wa, hot di Maria ehr Kind in Winnel eugepackt unn im Stall in e Fuddekribb geläigt.

Marianne Heleine

Aus einer Kantate am Heiligen Christ-Tag zu singen

Jauchzet ihr Himmel
und freue dich Erde,
Jesus dein Heyland
ist heute gebohren.
Gott wurd eines Menschen Sohn,
eine Krippe ist sein Thron.
Großes Wunder, große Dinge,
Gott wird elend und geringe,
daß der Mensch verherrlicht werde...

Johann Conrad Lichtenberg

Herbergssuche – einmal anders

Vorweihnachtszeit! Im Kindergarten herrscht große Aufregung; denn wie alljährlich gibt es die übliche Adventsfeier. Die „Herbergssuche" soll aufgeführt werden, Kernstück aller weihnachtlichen Festivitäten. Man hat lange geprobt. Eine kleine Bühne ist errichtet worden mit ein paar provisorischen Häuschen aus Pappdeckeln, und die Kindergarten-Tanten haben sich schrecklich viel Mühe gemacht.

Leicht nervöse Mütter, vereinzelt auch ein paar Väter, dazu Omas und Opas, Tanten und Geschwisterchen sind gekommen und sitzen erwartungsvoll im Zuschauerraum. Die Spannung wächst.

Das Licht wird schummrig; schließlich war's ja damals Abend. Das heilige Paar betritt die Bühne. Theresa, gerade vier Jahre alt, ist die Maria und Pascal, fast sechs, der heilige Josef. Er hat eine lange, schwarze Jacke an und einen Schlapphut auf dem Kopf. Seine Angetraute ist himmelblau gewandet und trägt dazu einen weißen Schleier. Josef, zusätzlich noch mit einem großen Stock bewehrt, führt seine Maria fürsorglich an der Hand. Hinter den drei Herbergen lauern schon die „Wirte", um ihren Einsatz nicht zu verpassen. Der heilige Josef klopft an die erste Tür und sagt, so schön er nur kann: „Mir sin auf de Durchreise, weil mir zur Volkszählung müsse. Mei Frau Maria is sehr müd' und bräuchd' dringend e Bett." Ein Fenster im Pappdeckelhaus geht auf, ein Kopf erscheint und ein helles Stimmchen belfert hastig heraus: „Ich hab' kein' Platz mehr da herinne. Es sin scho zuviel Leut' da!", und batsch ist das Fenster wieder zu. Die zwei traben weiter und bemüh'n sich um einen möglichst schleppenden Gang. Am nächsten Pappdeckelhaus wieder „poch, poch". Wieder öffnet sich das Fenster, und der Josef spricht so erbarmungsvoll, wie es nur irgendwie geht: „Grüß Gott! Mir komme von weit her. De ganze Dich sin mer gelaafe, un müßte uns üwwer Nachd e bißje ausruh'n, bevor mer uns morche im David soiner Stadt zähle lasse. Könnte mer nit bei Euch unnerschluppe?“ „Nein“, schreit der zweite Wirt wesentlich lauter. „Hier sin alle Betten scho beleechd. Da kommd mer kääner mer roi.“ Und wieder fliegt das Fenster zu.

Das Paar zieht programmgemäß zum letzten Haus. Josef schlägt mit dem Stock an die Tür. Der „Wirt“, ein goldiger, kleiner Kerl mit blonden Locken, erscheint in voller Größe vor dem Haus. Er ist in einen Kaftan gehüllt, der bis zum Boden reicht. Und wieder bittet der Josef mit eindrucksvollen Worten um Einlass und weist auf seine Maria. „Habt Ihr vielleicht e Schlafgeleechenheit für uns? Ich bin' ganz herzlich!“, sagt er einstudiert zaghaft. Doch der „Wirt“ schüttelt seinen Lockenkopf und erwidert etwas atemlos: „Es dud mer leid. Mir könne niemand mehr brauche!“, und will schnell die Tür zumachen. Aber das ist nun der heiligen Maria, respektive Theresa, zu viel. Sie stellt sich empört vor den unhöflichen „Wirt“, reißt ihre Augen auf und schnauzt ihn an: „Siehste denn nit, wie schrecklich schwanger ich bin, du Doofkopp?“, worauf der so Angesprochene heftig erschrickt und flennend die Bühne verlässt. Kein Wunder, bei diesem Eingriff in die große Weltgeschichte! Na ja, wenn man da einmal weiterdenkt...? Was wäre wohl gewesen, wenn's die heilige Maria genauso gemacht hätte, damals? Am End' wär' alles ganz anders verlaufen, und es hätte nie eine „Herbergssuche“ gegeben, die die Menschheit so dringend braucht für die Weihnachtsfeiern und zum alljährlichen Aufrütteln!
Wer weiß?

Irmes Eberth

Was wär', wenn

Ach, wann ich so hör die Weihnachtsgeschicht,
was die Biewel von Engel un Hirte bericht;
dann denk ich merr manchmal un duh spekulieren:
Was wer' wenn des däht in Frankfurt bassiern,
iwwerm Lohrberch zum Beispiel? Vom Himmel hernieder
flööche Schar'n von Engel un singe Lieder:
Un „Gloria" tönt's un „Ehre dem Herrn",
geborn is de Heiland, Friede soll wer'n! –
Un all des net weit von Seckbach entfernt! –
Doch mihr, als hädde mer's Gucke verlernt,
merr sehe nix, merke nix von dene Sache,
weil merr halt grad ebbes anneres mache
odder wie üblich grad Fernsehe gucke.
Un da bassierd's – ich werr noch meschugge –,
un mihr hörn kaan Pieps von dem Engelsgesang
bei de Schlagerparade im Stereoklang.
Mihr Dussel, mihr hocke im Sessel beim Bier, –
in dem Moment gehe, net weit von hier,
schon Hirte zur Krippe. – Un wohin gehen mihr?
Mihr gehn ins Bett un duhn alles verschlafe:
die Engel, des Kind un die Hirte un Schafe!

Lothar Zenetti

Advent

Von der Vorfreude auf das Weihnachtsfest

Advent

Advent bedeutet für Christen eine Zeit der Erwartung und Vorbereitung auf das Weihnachtsfest. Die Adventszeit beginnt am vierten Sonntag vor Weihnachten. Das Wort Advent kommt vom lateinischen „adventus“ und bedeutet „Ankunft“. Gemeint ist die Ankunft Jesu, des Gottessohnes, auf Erden.

In den gottesdienstlichen Lesungen während des Advents werden häufig Texte aus dem Alten Testament verwendet, die die Ankunft des Messias und Erlösers prophezeien. Die vier Kerzen des dem jüngeren Brauchtum zuzurechnenden Adventskranzes bezeichnen, eine um die andere entzündet, das Kommen des „Lichtes der Welt“. Die Zweige immergrüner Tannen sollen das ewige Leben symbolisieren.

Neben der Erinnerung an die Geburt Jesu hat die Adventszeit ein zweites Thema: Die Wiederkunft Jesu als Weltenrichter am Ende der Zeiten. Von daher bekommt die Adventszeit auch einen Bußcharakter. Äußere Zeichen hierfür sind die violetten Messgewänder oder die violetten Bänder, die sich oft an Adventskränzen finden.

Vom Nikolaus, dem Christkind und verwandten Gestalten

Die vorweihnachtliche Zeit ist voller Geheimnisse, verbunden mit der Vorahnung auf den Höhepunkt der brauchtümlichen Handlungen und Erscheinungen, dem Heiligabend. Wie viel stimmungsvoller muss diese Zeit einmal gewesen sein, als noch nicht die elektrische Beleuchtung den letzten Winkel ausstrahlte und die Neonreklamen und Dekorationen der großen Kaufhäuser den Sinngehalt des Festes über Gebühr strapazierten?

Besonders für die Kinder war diese Zeit mit Erwartung und geheimen Sehnsüchten angefüllt. Wie schön, dass diese, für Kinder lange, Wartezeit unterbrochen wurde durch einige Brauchhandlungen, die als Vorboten auf das eigentliche Fest zu werten sind. Ja, gerade diese Vorboten wurden in den letzten Jahrzehnten noch intensiviert: Für die ungeduldigen Kinder wurde der Adventkalender kreiert. Täglich, beginnend mit dem ersten Tag des Monats Dezember, ist auf dem bunten Bildkalender ein Türchen zu öffnen, bis mit der Öffnung des 24. Fensters das eigentliche Fest angebrochen ist. In diesen Bereich fällt auch die Adventschnur. Viele Süßigkeiten und Leckereien sind in kleine Päckchen geschnürt, die (24 Stück an der Zahl), zu einer langen Kette zusammengefasst, täglich um ein Stück abgeschnitten werden können. Diese weihnachtlichen Vorboten sind landschaftlich nicht einzuordnen und schauen, wie schon bemerkt, auf keine allzu lange Tradition zurück. Sie hängen vielmehr von der jeweiligen familiären Tradition und den Gemütswerten der Familie ab.

Ein zentraler vorweihnachtlicher Festtag ist aber der 6. Dezember – der Nikolaustag. Im christlichen Kult ist diese Gestalt eingeordnet in die Person des Heiligen Nikolaus. Zwei Legenden haben sich in der Nikolaus-Gestalt vereinigt: diejenige des Bischofs von Myra in Kleinasien aus dem 4. Jahrhundert und diejenige des Abtes Nikolaus

Der heilige Nikolaus wirft den drei armen Jungfrauen Goldklumpen durchs Fenster in die Stube (nach einem Holzschnitt aus dem 15. Jahrhundert)

von Sion, Bischof von Pinora, der 564 starb. Eine Nikolauslegende des wundertätigen Bischofs von Myra erzählt, wie der Heilige die drei Töchter eines verarmten, aber frommen Edelmannes auf wunderbare Weise für ihre Heirat ausgestattet habe. So wurde er in der christlichen Tradition zum Bescherer und Wohltäter stilisiert. Die frühesten Belege dieses Nikolaus-Kultes stammen aus den romanischen Ländern und sind für die Zeit zwischen 1000 und 1200 belegt. Im Mittelalter setzte sich dieser Kult dann auch in Deutschland durch.

Im Norden Frankreichs entstand im 11. Jahrhundert eine zweite Nikolaus-Legende, die dessen vorweihnachtliche Funktionen entscheidend prägte. Drei Scholaren sollen eines Abends auf ihrer Wanderschaft an die Tür der Behausung eines Metzgers geklopft und um Obdach gebeten haben. Der Metzger nahm sie freundlich auf und bewirtete sie. Um Mitternacht erschlug der Metzger jedoch die drei jungen Leute und pökelte sie in ein Salzfass ein. Bald danach kam der Heilige Nikolaus des gleichen Weges und bat den Metzger um ein Nachtmahl. Dieser tischte ihm von dem Fleisch der Scholaren auf und der Heilige bemerkte sofort, was er vor sich hatte. Durch seinen Segen erweckte er die Knaben wieder zum Leben und sie erwachten, als hätten sie nur geträumt.

Im katholischen Kultbereich stellt sich der Nikolaus dann auch folgerichtig als Bischof in Ornat mit Mitra und dem Krummstab dar. Neben dieser Bischofsgestalt findet sich jedoch auch genauso häufig ein Nikolaus, der als großväterlicher, würdiger Mann umherzieht und in einer Verkleidung steckt, die nur noch relikthaft an die Bischofsgestalt gemahnt: Aus dem Ornat ist der meist rote Mantel mit Pelzbesatz geworden, die Mitra ist ersetzt durch die rote, verbrämte Zipfelmütze. Das hervorstechende Symbol ist neben dem Geschenke enthaltenden Sack der lange, wallende Bart.

In dieser oder der anderen Gestalt tritt der Nikolaus in die Häuser, fragt die Kinder mit dem stereotypen Satz: „Seid ihr auch recht brav gewesen?“, ermahnt, lobt, straft und schenkt den Kindern in den meisten Fällen etwas vom Inhalt des Sackes.

Die Stimmlage des Nikolaus ist tief, Ehrfurcht gebietend, ja drohend. Hier ist noch ein schwacher Abglanz der Schreckgestalt früherer Jahrhunderte zu verspüren. In der nachmittelalterlichen Zeit ist dann auch der Nikolaus oft auf zeitgenössischen Holzschnitten als der Kinderfresser und Kinderverschlepper dargestellt. Er schleppt die Kinder nicht nur im Sack fort, sondern hat auch oft einen Rückentragekorb, der offensichtlich mehr Platz bietet. Auf anderen Darstellungen sehen wir, wie der Nikolaus die Kinder in den Taschen seines weiten Rockes verstaut hat.

In dieser Gestalt ist der Nikolaus für die Mitte des 18. Jahrhunderts in Frankfurt a. M. überliefert. Fr. Hottenroth druckt in seinem Frankfurter Trachtenbuch einen zeitgenössischen Holzschnitt ab und schreibt dazu: „Dies Bild verstattet uns einen Blick auf die intimere Hauskleidung einer gutbürgerlichen Familie. Es ist Nikolausabend; der Knecht Ruprecht geht im Dienst des Heiligen Nikolaus, des einzigen Heiligen, der von Protestanten so gut verehrt wird wie von Katholiken, in den Häusern umher, den Kindern Äpfel, Nüsse und Lebkuchen zu bringen, sie wohl auch seine Rute fühlen zu lassen; ja er ist ihnen sogar als „Kinderfresser" geschildert worden und sie flüchten sich bei seinem Anblick entsetzt in die Arme der Mutter; diese aber kennt den bösen Ruprecht besser und sie findet nichts dabei, ihm sogar im Negligé entgegenzutreten."

Von diesem Schreckgespenst versuchte sich die aufklärerische Erziehung nach dem Ersten Weltkrieg zu emanzi-

„Nikolausabend", Mitte des 18. Jahrhunderts (nach Friedrich Hottenroth)

pieren. Von den Städten ausgehend wurde auf die Nikolausgestalt im häuslichen Bereich verzichtet und ein Analogiebrauchtum eingeführt: Der Nikolaus erscheint nicht mehr in Person, er legt des Nachts seine Gaben in bereitgestellte Teller, Schuhe, Stiefel oder Strümpfe. Bisweilen hinterlässt er auch eine mit Süßigkeiten geschmückte Rute. Die ganz moderne Pädagogik unserer Tage ist mit der Nikolausgestalt und dem damit verbundenen Brauchtum noch nicht ganz ins Reine gekommen. Unter den Pädagogen unserer Tage wird eine Vielzahl an Handlungen praktiziert, die der Nikolausgestalt etwas vom Schrecken nehmen sollen. So werden in Kindergärten Nikolausgestalten vorgeführt, die sich in Anwesenheit der Kinder verkleiden und ihnen vom Sinn der Gestalt erzählen, bevor sie sich wieder vor den Kindern von der Maskerade befreien, was unweigerlich die Frage aufwirft: Was soll's eigentlich?

Der eigentliche Brauchtermin, an dem der Nikolaus auftritt, ist in Hessen landschaftlich unterschiedlich. Einmal ist es der 6. Dezember, ein andermal der 5. Dezember, der Vorabend des Nikolaustages. Dies ist wohl auch von Familie zu Familie verschieden. Für die Familie des Verfassers dieser Zeilen war dies in früheren Jahren keine Frage: Der 5. Dezember war der Geburtstag der Urgroßmutter. An diesem Tage versammelten sich nicht nur die acht Kinder der Urgroßmutter, sondern auch eine stattliche Zahl von Enkel- und Urenkelkindern. Was wäre sinnvoller gewesen, als nach der gemeinsamen Kaffeetafel den Nikolaus für die Enkel und Urenkel kommen zu lassen. Obzwar sich das Zeremoniell in jedem Jahr wiederholte und der Nikolaus immer von der Tante Marie dargestellt wurde, hatte diese doch die seltenen schauspielerischen Fähigkeiten, uns immer wieder aufs Neue in Angst und Schrecken zu versetzen, denn in dieser Großfamilie blieben naturgemäß die kindlichen Missetaten nicht verborgen.

Der Nikolaus in der dargestellten Form war und ist vornehmlich in den Großstädten und Mittelstädten beheimatet. Er hieß dann auch in Frankfurt a. M. und dem Umland der „Nikelos“ und in der verkleinerten und abgemilderten

Weise „es Nikeleesje“. In den anschließenden agrarischen Landschaften des Odenwaldes, Oberhessens, des Spessarts und der Rhön waren in früheren Jahrzehnten ganz andere Brauchgestalten anzutreffen, die in ihrer Verkleidung nur wenig vom dem kinderliebenden Heiligen erahnen ließen. Natürlich ist auch über diese Individualisten die Zeit hinweggegangen und auf dem flachen Lande ist heute die gleiche nivellierende Gestalt des Nikolaus anzutreffen, wie er in den Großstädten vor dem Eingang der großen Kaufhäuser steht oder über die studentische Arbeitsvermittlung angefordert werden kann.

Bis in die 30er Jahre unseres Jahrhunderts jedoch waren für die kindliche Phantasie so anregende Gestalten zu sehen, von denen Fr. Mössinger so eindrucksvoll berichtet: „Früher kannte man nur den großen, strengen Belznickel, der, seinem Namen entsprechend, ein dickes Pelzkleid, zumeist ein Schaffel trägt. Er ist keine sehr Erfurcht bietende Person. Das zeigen die Reime, mit denen ihn die Kinder begrüßen, die sie freilich in seiner Gegenwart nicht auszusprechen wagen, sondern erst nach seinem Weggehen laut werden lassen.

Belznickel, Belznickel, böser Mann,
ich tu bete, was ich kann,
alte Schlappe, neue Schuh,
ich mach der glei die Türe zu!

oder

Du böser, böser Nikolaus,
was willste dann von mir?
Ich nemm dich an de Schnuddelkapp
un schmeiß dich hinner die Tür!

Im Übrigen dürfen solche ein wenig großsprecherischen Reime nicht darüber hinwegtäuschen, wie unheimlich, ja dämonisch das Gebaren der Gestalt in der Stube ist. Der Belznickel stürzt zur Türe herein, oft fällt er mit lautem Krach zu Boden, er bedroht Kinder und Erwachsene, lässt aber schließlich aus seinem Sack Äpfel und Nüsse auf den

Nikolaus in der Frankfurter Altstadt, aus der „Kleinen Presse" 6. 12. 1898

Boden rollen. Wer sich danach bückt, der wird von dem unheimlichen Gast mit der Rute geschlagen. Kinder will er in seinen großen Sack stecken; er versucht auch, sie mit einer Kette oder einem Strohseil anzubinden oder wenigstens im Gesicht zu schwärzen. Dieses wilde und ungebärdige Treiben findet in manchen Reimen seinen Niederschlag.

Kalrowe, Kalrowe,
es Christkinnche hat mich geschloge,
de Beiznickel hat mich gesprengt
iwer Diseh un Bänk,
daß ich e Läwedog dron denk.

Noch älter als solche Nickelgestalten im Pelzkleid sind die Strohnickel. Sie sehen ganz dem Winter in unseren Frühlingsumzügen, manchmal auch dem Erbsenbär an Fastnacht gleich, benehmen sich jedoch nicht anders als der Beiznickel. Wir kennen sie noch in verschiedenen Formen, bei denen der langsame Wandel von der Strohgestalt zum Pelznickel und zum Nikolaus mit dem dunklen Mantel sichtbar wird. Am urtümlichsten ist es, wenn ein Bursche mit sehr langen Strohseilen an Armen, Beinen und am Körper umwickelt wird. Oft wird Langstroh um den Körper gestellt und festgebunden. Hie und da stopft Stroh alle Hosen und Röcke aus und schaut zu den Löchern nach allen Seiten heraus. Häufig sind wenigstens die Beine und Arme mit Stroh umwickelt, zumindest ist ein Strohgürtel als letzter Rest der früheren, vollständigen Strohhülle sichtbar."

Diese Schilderung Mössingers beruht auf seinen Beobachtungen, die er im Odenwald um 1930 machen konnte. Besonders in den Orten Hüttenthal, Hiltersklingen, Ernsbach und im Sensbachtal konnte er diese urtümlichen Gestalten noch antreffen.

Aber auch in anderen hessischen Landschaften war früher der Nikolaus in dieser oder ähnlicher Weise anzutreffen (Dillkreis, Lahngegend und anderwärts). An der Lahn war dann auch der sonst wenig bekannte Kindervers zu hören:

Weihnachtsmasken in Hessen: Schimmelreiter, Klapperbock, Knecht Ruprecht oder Bär, das Sonnenrad mit Äpfeln bestückt

Seuß, seuß Äbbelche,
Sauer iß de Kern.
Liewer, liewer Nickelos,
Wos hun eich deich su gern!

Der schönste Aufzug der weihnachtlichen Gestalten war und ist teilweise noch heute in vielen hessischen Landschaften mit dem Umgang des Christkinds am 24. Dezember verbunden.

Das Christkind lebt ja in der bipolaren Gestalt des neugeborenen Jesukindes in der Krippe einerseits und der Gaben bringenden Frauengestalt im weißen Kleid am Heiligen Abend. Für Kinder sind diese zwei Gestalten in der Vorstellung oft in eigenartiger Weise verquickt.

Das Christkind als Gabenbringer am Heiligen Abend ist vornehmlich im südhessischen Bereich, besonders im südlichen Odenwald und im angrenzenden mainfränkischen Raum verbreitet. Aber auch in einigen Orten des Dillkreises ist es bezeugt. Im Vogelsberg zum Beispiel ist der Gabenbringer der Knecht Ruprecht, andernorts ganz einfach der Weihnachtsmann. In manchen Gegenden treffen wir auf Mischformen, wo sowohl das Christkind als auch Knecht Ruprecht als Begleiter auftreten.

Dies ist nicht verwunderlich, da Hessen in diesem Zusammenhang als Übergangszone zweier Kulturräume anzusehen ist. Das Christkind schenkt in ganz West-, Südwest- und Süddeutschland genau bis zur westfälisch-friesischen, hessisch-niedersächsischen, hessisch-thüringischen, bayerisch-thüringischen Grenze und wandert dann durch Südthüringen und das südliche Sachsen bis nach Schlesien als weiterem Einzugsbereich. Der Weihnachtsmann bringt seine Gaben im gesamten mittel-, nord- und ostdeutschen Raum und duldet lediglich in Thüringen in verstärktem Maße den Knecht Ruprecht neben sich.

Oberflächlich betrachtet ist man geneigt, das Christkind dem katholischen, den Weihnachtsmann dem protestantischen Bereich zuzuordnen. Im 19. Jahrhundert hatte sich jedoch eine Umkehrung des ehemals herrschenden Brauch-

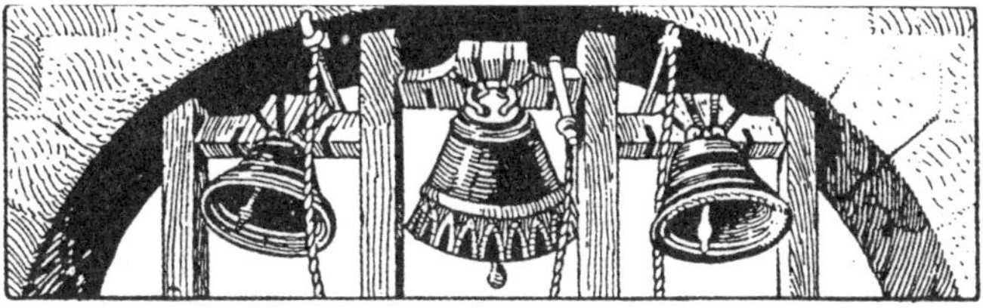

tums vollzogen, nach der gerade das Christkind für die evangelischen und die männliche Nikolaus-Gestalt für die katholischen Gebiete als Gabenbringer gegolten hatten.

Im hessischen Ried wurde noch bis zum Zweiten Weltkrieg in vielen Orten am 24. Dezember ab 17 Uhr für eine ganze Stunde mit allen Kirchenglocken geläutet: „Das Christkind wird vom Himmel geläutet." Kinder hefteten in den Nachmittagsstunden Heu- oder Haferbündelchen an das Tor, „für das Eselchen des Christkinds." Und noch bekannt sind die Verschen, die das Christkind zum Kommen aufforderten:

> Christkindchen, komm in unser Haus,
> leer dei golden Säckelche aus,
> stell dei Eselche uf de Mist,
> daß es Hei un Hawwer frißt,
> stell dei Beemche uf de Disch,
> daß mer waas, daß Christdag is!

So kam dann auch in den meisten hessischen Landschaften das Christkind in Person. Es war in der Regel eine verhüllte Frauengestalt. Das Gesicht war mit einem Vorhangstoff verhüllt, es trug ein weißes Kleid und hatte oft eine Rute in der Hand. Diese Rute war nicht zum Schlagen und Strafen bestimmt, sondern hatte eine andere, symbolische Bedeutung, nämlich Segen zu bringen.

Gerd J. Grein

Mama, wohnt das Christkindchen im Himmel?

„Mama, wohnt das Christkindchen im Himmel?“ – Ja. – „Läuft es da herum?“ – Jawohl. – „Liegen Bretter im Himmel, wo es drüber laufen kann?“ – Nein, das Christkindchen kann doch auch fliegen. – „So, und wenn's müd ist, da setzt es sich wohl auf die Wolken?“ – Ja. – „Was hat denn das Christkindchen für'n Kleid an?“ – Ein weißes. – „Und was für Haare?“ – Goldene. – „Kämmt's die auch?“ – Ja, mit einem goldenen Kamme. – „Hat's ein Täschchen anhängen, wo es den Kamm hinein tut?“ – Nein, den legt es irgendwo hin. – „Gelt, auf die Wolken?“ – Hm. – „Hat' s auch Schuhe an? Gelt, goldene?“ – „Hat's auch'n Vater?“ – Ja, das ist der liebe Gott. – „Wohnt er auch im Himmel?“ – Ja. – „Geht er auch in's Geschäft, wie mein Papa?“ – Nein. – „Was schafft er denn?“ – Nun, er hat doch alles gemacht, die Bäume, die Blumen, die Vögel. – „Und auch den Himmel und die Wolken? Macht er auch den Donner? Wie macht er denn das?“ – Mit den Wolken. – „Ach so, gelt, da nimmt er die Wolken so in die Hand und läuft dann über den Himmel und schleift sie so –.“ (erschrocken) „Ei Mama! aber das Christkindchen?“ – Na, das fliegt so – lange in die Höhe. – „Aha! Gelt, und nimmt erst schnell den Kamm weg und hält ihn so in die Höh?“ „Mama, wenn das Christkindchen zu uns kommt, gelt, da gibst du ihm was Gutes, wenn's Hunger hat: Cacao und Geleebrot. Es wird sich schon in Acht nehmen mit seinem guten Kleid. Und wenn's 'n Rabbelchen machen muss, dann darf's auf unser Häuschen?“ – Das braucht kein's. – „Aber wieso denn. Hat's denn kein ......?“ – Es schellt. Gott sei Dank! Der Papa kommt.

Das Gespräch mit ihrem dreijährigen Töchterchen schrieb die Frankfurterin Sophie Ennenbach auf, 1910.

Apfel, Nuss und Mandelkern

Traditionelles Weihnachtsgebäck aus Hessen

Den Herren

Lebkuchenbäcker

empfehl ich:

Prima Havanna Honig
Prima Zuckersyrup
Feinst gemahlenen Zucker
Pugliefer Mandeln
Amonium und Pottasche

zu den billigsten Preisen

Georg Liebig Sohn,

Darmstadt
28 Rheinstraße 28.

Odenwälder Weihnachtsgebäck

Zu Fest und Feier gehört von alters her die Schmauserei. Einerlei, ob es sich um fröhlichen oder ernsten Anlass handelt, immer haben menschliche Genussfreudigkeit und uralter Brauch dem Leben diesen Tribut gezollt. Die Alltagskost früherer Jahrhunderte war im Allgemeinen eintönig und oft auch karg, denn sie hing weit mehr als heute von Gunst und Ungunst der Ernte, des Handels und der Einfuhr ab, nicht minder auch davon, ob die Zeitläufe friedlich oder kriegerisch waren. Mangel, wenn nicht gar Not, standen meist dicht an der Schwelle jeder menschlichen Behausung, und so war es denn nur natürlich, dass man, wenn sich eine Gelegenheit bot, gern des Guten zu viel tat, sei es mit üppigen Gerichten oder leckerem Naschwerk.

Allerdings war es bescheidene Süßigkeit, die den Festtag verschönte, solange man den Zucker nicht kannte; denn vom Altertum bis weit ins Mittelalter nützte man zum Süßen der Speisen und des Backwerks nur Honig und getrocknetes Obst.

Honigkuchen und Früchtebrot, im Odenwald als Hutzelbrot bekannt, sind also die Urformen unseres heutigen Süßgebäcks.

Doch nicht allein durch den süßen Wohlgeschmack, sondern auch durch ein besonderes Aussehen unterschied sich dieses Gebäck von den üblichen Backwaren der damaligen Zeit.

Honig- und Lebkuchen

Die erste literarische Erwähnung eines gebackenen Honigkuchens ist aus der fünfzehnten Idylle des Theokrit (300 v. Chr.) „als Gabe für Adonis“ bekannt: „... des Gebackenen viel, das Frau'n in den Formen bereitet – Mischend das weißeste Mehl mit mancherlei Würze der Blumen – Was sie mit lieblichem Öl getränkt und der Süße des Honigs." (Übersetzt von Mörike).

Nach dem Bekanntwerden von Zucker aus Zuckerrohr und den verschiedenen Gewürzen im Mittelalter, vor allem durch die Kreuzzüge ab 1096, dürfte aus dem Honigkuchen ganz allmählich Lebkuchen geworden sein.

Bereits um 1150 sind für Venedig die ersten Zuckerbäcker nachzuweisen. In Deutschland wurde Süßgebäck anspruchsvoller Art erst später üblich, als die steigende Einfuhr aus dem Süden alle wichtigen Zutaten und Gewürze, außer Zitronat auch den damals ebenso beliebten wie kostbaren Safran, vor allem aber Zucker in größeren Mengen auf den Markt brachte. Vorher musste man sich in den Backstuben mit dem bedienen, was die eigene Heimat reichlich, oft auch im Überfluss bot.

Aus dem einheimischen Honig wurden vielerlei Arten von Lebkuchen hergestellt. Diese hatten, außer ihrem Wohlgeschmack, den Vorteil, lange frisch zu bleiben, und waren somit als Handelsware hervorragend geeignet.

Bereits im Jahre 1358 wurde in Frankfurt eine Innung der Lebzelterzunft gegründet. Die älteste Zunft ist von 1293 für Schweidnitz belegt.

Für die alte Reichs- und Lebkuchen-Stadt Nürnberg wird erst 1395 ein Lebzelter urkundlich erwähnt.

Seit wann im Odenwald Lebkuchen gebacken werden, lässt sich bis heute noch nicht genau sagen. Mit Sicherheit sind es aber über 200 Jahre.

F. Mößinger schreibt hierzu: „Es ist vermutet worden, dass diese Kunst aus Walldürn zu uns kam, denn dorther holten schon vor 200 Jahren Leute aus dem Gersprenztal ihre Lebkuchen zum Verkauf, und dort erlernten Odenwälder dieses Handwerk. Nach anderen Nachrichten fand diese Kunst im Siebenjährigen Krieg (1756–1763) bei uns ihren Eingang, als französische Soldaten in den Dörfern einquartiert waren und die Lebküchlerei lehrten. Nach mündlicher Überlieferung soll ein Vorfahr der Familie Delp auf der Wanderschaft in Straßburg ein gutes Rezept erhalten haben, das er nach Hause brachte, als Geheimnis

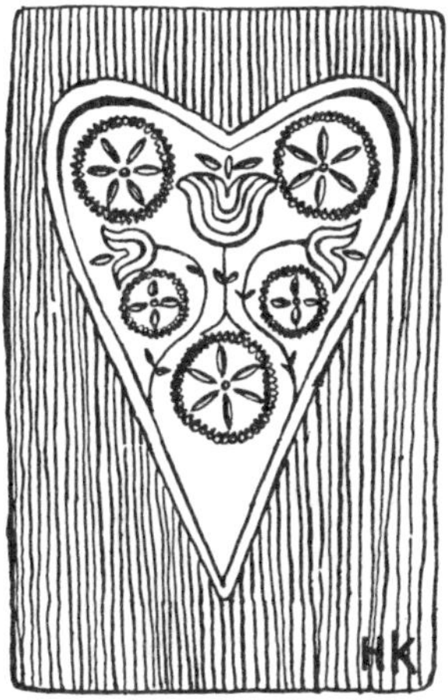

Holzmodel für Lebkuchenherzen (18./19. Jahrhundert)
aus Walldürn, jetzt im dortigen Heimat- und Wallfahrtmuseum
Zeichnung: Peter Assion

wohl hütete, aber in seiner Bäckerei zu vorzüglichen Erzeugnissen auswertete. Wie dem auch sei, die Odenwälder Lebkuchen haben früher weitum ihren guten Ruf gehabt und ihn bis heute erhalten."

Nicht auszuschließen ist aber auch die Möglichkeit, dass über Frankfurt der Lebkuchen seinen Einzug in den Odenwald hielt.

Eines ist sicher; nicht nur bei den Kindern im Odenwald waren sie geschätzt, sondern auch bei den Erwachsenen.

Nach Heinrich Grund stammt von einem Lebkuchenbäcker des Gersprenztales der Ausspruch: „Wems nicht gut ist, wer's im Leib hat, der isst einen Lebkuchen, da wird's ihm bald besser".

Der Lebkuchen gibt durch seinen Gehalt an Honig und den verschiedenen heilkräftigen Gewürzen dem, der davon isst, besondere Kraft und Schutz in den langen dunklen, nach altem Glauben von Unheil bedrohten Nächten der Mittwinterzeit. Bis heute zählt ja der Honig noch zu den häuslichen Allheilmitteln.

Reime auf Lebkuchen

Ich bin durch große Hitze gekrochen,
Wer mich isst, find't keine Knochen.

Ich bin aus Mehl und Honigseim,
Drum bin ich süß und schmecke fein.

Ich bin von Mehl und Honig rein,
Und wer mich isst, dem schmeck ich fein.

Das Christkindlein hat in der Nacht
Dir diesen Kuchen mitgebracht.

Nimm diesen Kuchen hin von mir,
Er ist für dich gebacken,
Und glaube mir es sicherlich,
Dass ich dich nicht will necken.

Heute werd ich sehr oft denken:
„Was wird mir mein Petter schenken?"

Wenn dein Herz ist wie das mein,
So wird es gewiss nicht falsch sein.

Lieben und nicht haben,
Ist härter als Steine graben.

Lieben und nicht beisammen sein,
Ist härter als ein Felsenstein.

Du allein bist auf der Welt,
So meinem Herzen wohlgefällt.

O Röslein rot, o Blümlein weiß,
Du bist meines Herzens Paradeis.

Von dir tu ich nicht lassen ab,
Bis man mich traget in das Grab.

Schier unerschöpflich scheint das geschnitzte hölzerne Formenmaterial zu sein, das heute noch in Bäckereien und Haushalten zu finden ist.

Gebäckformen lassen sich bis in das römische Altertum zurückverfolgen. In Ostia, der alten Hafenstadt Roms, wurden Konditorformen aus Ton mit Tiermotiven ausgegraben.

Die ältesten Odenwälder Gebäckmodel dürften ebenfalls aus gebranntem Ton gewesen sein und bis in die Gotik zurückreichen. Die Tonformen sind heute kaum noch zu finden, während die holzgeschnitzten Model aus der Zeit des Barock und Rokoko häufig anzutreffen sind.

Die Motive dieser Modelle umfassen die Wiedergabe von Menschen, Tieren, Pflanzen, geometrischen Gebilden und Darstellungen religiöser und weltlicher Art.

Man darf annehmen, dass in manchen immer wiederkehrenden Motiven alte Mythen weiterleben. So gehen Frauenbildnisse auf Frau Holle zurück, Pferde und Reiter weisen auf einen Pferdekult hin und die Herzform ist nicht nur Symbol der Liebe, sondern auch ein altes Lichtsinnbild.

Unseren Vorfahren, deren Heimat der kalte, winters über so dunkle Norden war, galt die Sonne mehr als bei anderen Völkern. Sie war höchstes Gut, um das man in den langen Winternächten sorgend sich bangte. Sie sahen im Linienzug der an- und abschwellenden S-Spirale den bei der Sommersonnenwende sich umkehrenden Sonnenjahreslauf. Zwei solche, zueinander sich kehrende S-Spiralen waren ihnen eine Darstellung des geheimnisvollen und heiligen Augenblicks, in dem die Sonne sterbend sich neu gebiert, in dem durch die längste und dunkelste Nacht Tod und Leben als Brüder nebeneinander dahinschreiten. Leben und Tod, Licht und Dunkel, Wärme und Kälte, das Gute und das Böse, alle Gegensätze der Natur und Übernatur treffen sich, berühren sich und schauen sich erschauernd ins Antlitz.

Bis weit ins 17. Jahrhundert hinein waren es fast ausschließlich die reich reliefierten Rundformen, denen die

Gunst des Publikums galt. Eine entscheidende Veränderung kündigte sich an, als die Reiter- und Soldatenfiguren Mode wurden, in denen sich die kriegerischen Ereignisse jener Zeiten ihre harmlose Lebkuchensymbolik schufen.

So kerbten fortan die Schnitzer mit Vorliebe stattliche Heerführer hoch zu Ross, mit Marschallstab oder Säbel, mit Federhüten und üppigen Schabracken in die neuen Model. Jedoch diese martialischen Prachtstücke standen nicht mehr als Relief auf Rundfeldern, sondern man schnitt vor dem Backen den äußeren Umriss der Figuren wie auch die Innenkonturen sorgsam mit dem Messer aus, sodass sie gleichsam zu Lebkuchensilhouetten wurden. Wie bereits die Holzmodel im Laufe der Zeit ein immer größeres Ausmaß angenommen hatten, manche wiesen einen Durchmesser bis zu einem halben Meter auf, so waren auch die ausgestochenen Figuren überaus stattlichen Formates und Exemplare von einer Elle keine Seltenheit. Allerdings wurden solche Stücke wohl mehr im Auftrag als für den allgemeinen Verkauf hergestellt.

Leider werden heute die alten Motive, die oft kleine Kunstwerke darstellten, von den Lebkuchenbäckern nur noch sehr selten verwendet. Auch fehlen meist die vielen Verse, die einen Lebkuchen zierten.

Anisgebäck

Noch reizender und ohne Zweifel die schönste der weihnachtlichen Backkünste ist die Anisbäckerei. Sie wurde im Gegensatz zur Lebkuchenbäckerei nicht bei den Bäckern, sondern meist zu Hause durchgeführt. Leider finden wir heute auch hier nur noch vereinzelt die Springerle, wie das Anisgebäck im süddeutschen Raum genannt wurde. Meist wird es in einer einfachen runden Form von etwa 2 cm Durchmesser angeboten.

Groß und rund waren zumeist die alten Gebäcke. Die Motive der Model umfassten biblische und weltliche Bilder, Weihnachtssterne, Menschen, Tiere und Pflanzen. Ein typisches Motiv war z. B. ein großer Traubenhenkel, der im Odenwald als Patengeschenk in einer Gebäcktüte nicht fehlen durfte.

Den großen Gebäckformen folgten dann späterhin die kleinen quadratischen Anismodel. Heute werden diese Formen mit ein bis sechs Motiven angeboten. Leider entspricht die Qualität der Motive nicht den alten Springerle-Bildnissen.

Das übliche Anisgebäck ist weiß. Für unseren Raum gibt es aber auch Rezepte für rotes Gebäck. Bunt bemalte Springerle, wie sie unter anderem in Nürnberg hergestellt werden, sind mir für den Odenwälder Raum unbekannt.

In ihrem Buch „Die alte Kunst der süßen Sachen" schreibt Hanna Kronberger-Frentzen über das anisgewürzte Eierteiggebäck: „Unter den vielen Rezepten, die zu jener Zeit aufgeschrieben oder mündlich weitergegeben wurden, kommt keines einem anonymen biedermeierlichen Basler Hausfrauenrezept gleich, in dem das ganze Drum und Dran des Springerlebackens auf eine liebenswerte familiäre Art festgehalten wird: Nimm von Mehl ein Pfund, siebe es fein und stell es über Nacht ins Ofenloch. Nimm ein Pfund trockenen Zucker und vier Eier, aber große, zwei Esslöffel ausgeblasenen Anis – wenn du's fein haben willst, sollst du ihn im Ofen bähen. Vom alten Baselbieter Kirsch zwei Esslöffel (lupft sie gut und vertreibt den Eiergeschmack) Zucker, Eier und Anis lass vom ältesten Buben rühren, dann vom Zweitältesten, dann vom dritten, zusammen wenigstens eine halbe Stunde, dann gib das Christwasser dazu, schaffe das Mehl darunter und wirke den Teig auf dem Wallbrett, bis er schön verbunden ist. Wälle den Teig auf, aber nicht zu dünn, und drücke mit Sorgfalt und Kraft die Model auf. Hernach alles auf mehlbestäubtem Brett 24 Stunden an die Wärme gestellt und bei schwacher Hitze backen. Um sie schön weiß zu haben, stäube vor dem Backen Mehl darauf und blase es nachher weg. Kriegen sie keine Füßchen, so schimpfe die Buben aus oder die Stubenmagd: war schlecht gerührt oder Durchzug in der Stube. Sprüngerli ohne Füßchen sind eine Ärgernuss."

Zwei Gebäckarten, die ebenfalls zum typischen Odenwälder Weihnachtsgebäck gehören, sollen den Reigen abschließen.

Buttergebackenes

Das Odenwälder Buttergebackene ist ein Mürbeteiggebäck, welches auch noch heute zu den so genannten Standardgebäckarten gehört. Mit verschiedenen Gewürzen zubereitet, wird sein Wohlgeschmack noch verfeinert. Aus dem fertigen und dünn ausgerollten Teig werden mit kleinen Blechformen die Plätzchen ausgestochen. Ursprünglich waren auch diese Formen aus Holz geschnitzt.

Die Motive dieses Gebäcks zeigten früher wie heute die Umrisse von Blumen, Sternen, Menschen und Tieren. Eine Besonderheit soll das Buttergebackene nach dem Backen aufweisen, die Oberfläche darf nicht glatt, sondern soll etwas aufgesprungen sein.

Hutzelbrot

Das Hutzelbrot wurde hauptsächlich im Süddeutschen gebacken. Der Name für dieses Gebäck kommt von den so genannten Hutzelbeern (einer kleinen Birnenart).

Diese Früchte gab es im Odenwald im Überfluss. Eine der Verwendungsarten für dieses Obst war das Hutzelbrot. Es ist ein Früchtebrot, welches sich in einem geschlossenen Behälter hervorragend lagern lässt. Außer den Birnen wurden noch Zwetschgen, süße Mandeln, Rosinen, Trauben und verschiedene Gewürze verarbeitet.

Eine Verwandte aus Reichelsheim schwärmt noch heute von dem Hutzelbrot mit Butter bestrichen, das ihre Großmutter früher in der Zeit des Weihnachtsfestes herstellte. „Für Hutzelbrot, da hätten wir uns schlagen lassen."

Vereinzelt wird in den Bäckereien heute wieder Früchtebrot zum Kauf angeboten.

Pfefferküchler beim Formen
Holzschnitt um 1820

Die Weihnachtsbäckerei als Wirtschaftszweig im Odenwald

Über den Umfang der Lebkuchenbäckerei im Odenwald und den wirtschaftlichen und sozialen Status der Lebkuchenbäcker gibt es durch die Arbeit von H. Eidmann aus den Jahren 1907/08 genaue Unterlagen. Die Verteilung der Lebkuchenbäcker auf die verschiedenen Odenwaldgemeinden ist aus einer Tabelle ersichtlich. Demnach war der Hauptsitz der Lebkuchen- und Zuckerbäcker das Gebiet der Gersprenz, der Mümling und ihrer Seitentäler. Im übrigen Odenwald verstreut arbeiteten noch etwa 20 Lebkuchenbäcker. Die Lebkuchenbäckerei war in diesen Jahren überwiegend eine Saisonarbeit mit all ihren wirtschaftlichen Nachteilen. Im Oktober begann für die meist im Nebenerwerb tätigen Lebkuchenbäcker „die kurze Zeit der großen Ernte". Um die wenigen Wochen bis Weihnachten maximal zu nutzen, wurden alle nur einigermaßen zur Arbeit fähigen Mitglieder der Familien eingesetzt. Die Produktionsleistung in den einzelnen Lebkuchenbäckereien war sehr unterschiedlich. In einem Falle wurde von fünf Personen in einem 15-stündigen Arbeitstag ein Zentner Lebkuchen hergestellt. Ein anderer Betrieb, dem schon eine Teigknetmaschine zur Verfügung stand, produzierte mit sieben Arbeitskräften zwei Zentner Lebkuchen. Der zwischen 5 und 6 Uhr beginnende Arbeitstag dauerte in der Saison im Durchschnitt 15 bis 18 Stunden. Der Verdienst der Lebkuchenbäcker war minimal. So produzierten in Kirch-Beerfurth drei Personen verschiedene Gebäcksorten für einen Verkaufspreis von 30 Mark. Für Zutaten und sonstige Betriebskosten mussten 80 % des Verkaufspreises abgerechnet werden. Damit entfielen auf drei Arbeiter für einen zwölfstündigen Arbeitstag 6 Mark.

Die Verteilung der Lebkuchen an die Endverbraucher erfolgte meist über Hausierer, im geringeren Maße über Verleger. Fünf Betriebe in Kirch-Beerfurth und dem benachbarten Pfaffen-Beerfurth versorgten über 350 Abnehmer, darunter 50 Hausierer. Auch in den größeren Städten der Umgebung gab es Kunden der Odenwälder Lebkuchenbäcker, z. B. in Heidelberg, Mannheim, Worms, Speyer, Darmstadt, Mainz, Vilbel, Frankfurt, Limburg, Wiesbaden und Gießen.

Um größere Gewinne zu erzielen, trugen Familienangehörige die Produkte teilweise auch selbst auf die umliegenden Märkte und boten sie zum Verkauf an. „Das ehrliche Aussehen, die Echtheit des Materials und der Wohlgeschmack der neuen Ware gewannen ihr viele Freunde und Käufer, und man wurde so immer mehr zur Fabrikation angespornt.“ Die Lebkuchenbäcker des Odenwaldes haben bis zur Gegenwart ihren guten Ruf und treuen Kundenstamm behalten. Zu den Saisonbetrieben kamen in späterer Zeit Fabriken, die das ganze Jahr, vor allem für Jahrmärkte und Messen, diese Odenwälder Spezialität produzierten.

Die Modelherstellung im Odenwald

Den guten Geschmack verdankt das Odenwälder Weihnachtsgebäck der Kunst der Bäcker – sein schönes Aussehen den Künstlern, welche die Model schufen.

Lange wurden diese kleinen Kunstwerke missachtet, führten ein vergessenes Dasein auf Dachböden und in Winkeln alter Backstuben. Was heute noch an Modeln vorhanden ist, wird hoch geschätzt.

Besonders die Tonmodel des 14. und 15. Jh. sind äußerst selten. Für den Odenwald sind diese frühen Gebäckformen nicht belegt, aber in Worms fand man bei Grabungen in der alten Töpfergasse Bruchstücke bebilderter zierlicher Model. Die Töpferei des Odenwaldes und seiner Randgebiete hat in den letzten Jahren das Interesse verschiedener Bearbeiter gefunden. Es wäre zu wünschen, dass bei zukünftigen Arbeiten, vor allem der Untersuchung von Abfallgruben der Töpfereien, auf etwa auftauchende Bruchstücke solcher Tonmodel geachtet würde.

Mit dem 16. Jh. kamen die Holzmodel in Gebrauch. Auffallend ist die Zeitgleichheit mit dem Auftreten der Holzschnittgraphik für Einblattdrucke usw. Beim Erstellen der Holzmodel musste darauf geachtet werden, auch vielfigurige Gruppen mit reicher Perspektive so in die Bildfläche zu komponieren, dass die Darstellung in einem flachen Relief gehalten wurde. Erreichte man mit dem Bild keine gleichmäßige Höhe, dann hatte der Lebkuchenbäcker Schwierigkeiten beim Backen. Der Zwang, auch reich gegliederte figurale Darstellungen auf eine Höhe zu reduzieren, führte unter der Hand wenig begabter Künstler leicht zu einer plumpen Darstellung.

Das billige Ausgangsmaterial verführte außerdem dazu, dass sich immer mehr künstlerisch auch weniger begabte Handwerksgesellen mit dem Stechen von Modeln beschäftigten. Sogar die Lebkuchenbäcker begaben sich auf dies Gebiet künstlerischer Betätigung. Lebzeltergesellen, die in der Herstellung von Modeln eine gewisse Fertigkeit hatten, besaßen eine Sonderstellung, sie zogen mit ihren Stechwerkzeugen von Werkstatt zu Werkstatt und waren gern gesehene Mitarbeiter.

Die Odenwälder Lebkuchenbäcker hatten mit dem Erwerb vielgestaltiger Holzmodel keine Schwierigkeiten. Schon seit Generationen hatte der Waldreichtum des Landes zu den verschiedensten Nebenerwerben im Holz verarbeitenden Handwerk geführt. „Die Holzschnitzer kamen den Bäckern zu Hilfe und fertigten nach Wunsch und eigener Laune allerlei Formen (Negative) aus Buchenholz für die Fabrikation der neuen Waren an. Soviel mir bekannt ist (schreibt Eidmann 1908), schnitzt heute nur noch ein Mann im Odenwald (in Reichelsheim) solche Holzformen, und obwohl derselbe die 70 überschritten hat, tut er es noch mit der gleichen Liebe und Freude an den mannigfachsten Formen, wie es einst in vielen Werkstätten geschah, allerdings auch mit der gleichen Mühe und mit demselben geringen Verdienst wie ehemals."

Für einen geschnitzten Schmetterling in der Größe von 18 cm^2 erhält der Mann 25 Pf. und für ein reich verziertes

Herz in doppelter Größe den gleichen Einheitspreis. F. Maurer gibt 1914 für den Odenwald noch eine Produktion von etwa 4400 Formen verschiedener Größe aus Ahorn- und Birnbaumholz an. Nach seinen Feststellungen waren Modelhersteller vor allem in Reichelsheim und Steinbach ansässig.

Man muss die Backmodel jedoch auch im Zusammenhang mit der Herstellung von Druckstöcken für Blaufärber und Tapetenhersteller sehen. Frh. v. Wedekind gibt in seinen „Vaterländischen Berichten“ 1835 an, dass solche Druckstöcke in Büdingen, Alsfeld, Darmstadt und Worms gefertigt wurden. Besonders erwähnt er den Formenstecher G. P. Kehl zu Worms, der „alle Arten von Holz- und Messingformen zum Gebrauch für Kattun-, Karten- und Tapetenfabrikanten, für Färber und Zuckerbäcker“ herstellt.

Otto Weber

Die Lebkuchefraa

So vier Woche vur de Weuhnaochte is die Lebkuchefraa 's irschtemol kumme, un do hot mer gewißt, jetzt is es Chrestkinnche unnerwegs. Sie woar vun Breeschbaoch un hot e großi Mohn uf em Kopp gehatt un meestendaals noch zwee Kirb, an jedem Oarm aon. Die Kirb hot se uf zwee Stihl gestellt, die Mohn uf de Disch un ehrn Kringe hot se denewe geleggt. Bis des ehr weiß wirge Duch vunn dere Mohn runnergezoe hatt, woar alles bananner, waos vunn Kinn im Haus woar. Ui, wie gut hot des geroche, un wie häwwe die Lebkuche geglenzt! Do woarn klaone un große Herzjen und Bobbe, Reiter un allehand Diern; un dann die große, halbpindige, pindige, zwaa und dreipindige, die meeste wie Herzer, manche äwwer aa rund wie es Schiewelraod. All woarn se mit weiße Zockerguß verziert, un uf manche häwwe scheene Sprich un Versjen gestanne. Wann's noch so knapp hergange is in de Haushaoling, äwwer en klaone Lebkuche hot e jed Kind kriggt un horr en nadierlich aa glei weggespunne. Die große sin im Klaarerschrank baam Weißzeig ufgehowwe wurn für die Feierdaog, für Fetter und Gore.

Fritz Krämer

Odenwälder Lebkuchen für die Zarin

Wie sehr Lebkuchen zum Weihnachtsfest gehören, beweist das Lebkuchengeschenk, das Darmstädter der Zarin Alix (1872–1918) nach Rußland schickten – mit der Aufschrift:

„J. M. der Zarin von Rußland,
unserer lieben Alix,
von treuen Freunden aus der hessischen Heimat."

Iwwer die dammsterrer Groußherzochsfamilie häwwe meer Ourewäller segaor Beziehjinge zu Rußlaond katt. Drei Prinzessinne häwwe se do'niwwer veheiert! Die häwwe dort als Groußfirstin und segaor als Zarinne gelääbt. – Sällemols, es waor um 1910 gewäst, is Dammstadt zu ene Russische Kapell kumme, drowwe uff de Kinstlerkolenie, daonn die Russe wollte doch, waonn se in Dammstadt zu Besuch gewäst sin, a alsemol in die Kerch gej kenne, un sie waorn doch russisch-orthodox. –

Ja, ich meecht saoe, do kimmt mär ins Draome un sieht die Alix aus ehrne Residenz rauskumme un mirrehrm Gefolsche in ehr Hauskabell neumache, im se bääre. Runderim drehne aus veele, wunnerschejne vegoldete Kuppele vun denne Kremlkerche die Glocke ... un die Alix denkt velleicht graod aon ehr lieb Dammstadt un aons Kabellche uff de Kinstlerkolonie ... Waos en Gedaonke! – Un sie denkt aon den Weuhnaochtsläähbkuche drowwe in ehrne feune Palaststubb, der wou vun ehrne dammsterrer Freindin alle Johr g'schickt wärd, daß se jao net ehr Haomet vegässe un gaonz zu ene Russin wärn deht, un aa, daß se emol wirrer en gaonz spezielle Gruß het vun ehrne liewe Freindin un domit aa aus em Ourewaold. Daonn ääwe der Lääbkuche, däs grouße, schejne, schwere Härz mit seune Blummeraonke mädde druff un mit de Inschrift auswennisch rim: „Ich liebe dich und tue Pflicht, darum vergiß auch du mich nicht", ääwe där Lääbkuche is alljehrlich in Hause ins Bäckersch fer die Alix gebacke worn! Im Bäcker

Dörfel seum Laore, do hengt e Noochbilding vun de Form, die kennt ehr eich emol ougucke!

Gertrud Berg-Oldendorf

Aus einem Darmstädter Kochbuch von 1839

„Nach langjährigen Erfahrungen niedergeschrieben und im Druck herausgegeben“ von einer anonym gebliebenen Köchin, die „30 Jahre ununterbrochen in der Küche beschäftigt“ war und „8 Jahre bei Herrschaften, 10 Jahre in Gasthäusern und die übrige Zeit in bürgerlichen Haushaltungen gedient“ hatte:

Gute Braun- Oder Lebkuchen

1 kg 100 g feines Mehl, 1 kg Zuckersirup, 125 g Zucker, 125 g Butter, 125 g grob geriebene Mandeln, die Schale einer Zitrone, 8 g Zimt, 8 g Nelken, 2 g Kardamom, 30 g gereinigte, in etwas Milch aufgelöste Pottasche.

Den Sirup läßt man auf dem Feuer dünn werden, tut dann Butter, Mandeln und Gewürz hinein, setzt den Topf vom Feuer, rührt das Mehl allgemach dazu, und wenn es abgekühlt ist, auch die Pottasche. Die Masse wird besser, wenn sie 8 Tage an einem warmen Orte steht. Man knete alsdann erst vor dem Backen die Pottasche durch und bringt sie einen halben Finger dick auf ein heißgemachtes, mit weißem Wachs bestrichenes und wieder abgewischtes (in Ermangelung mit Butter bestrichenes) Blech und setze sie bei etwas mehr als 2 Grad Hitze in den Ofen. Die Kuchen sind, sobald sie inwendig trocken sind, gar und werden dann sogleich mit einem scharfen Messer auf der Platte in Form eines Kartenblattes geschnitten.

Buttergebackenes

1/2 Pfund Butter, 1/4 Pfund Zucker, 3/4 Pfund Mehl, ein Gläschen Wein und etwas gestoßener Zimmt, wird wohl durcheinander gerührt, und nachdem es dünn ausgeweigert ist, mit Förmchen ausgestochen und im Ofen gelb gebacken.

Sehr Gutes Buttergebackenes

1/4 Butter zu Schaum verrührt, 12 Eiergelb dazu, das wieder eine Zeitlang verrührt, 1 Pfund Zucker, 1/4 Pfund süße Mandeln fein verstoßen, 1/2 Loth gestoßenen Zimmt, 1 Messerspitze voll Pottasche. Dieses alles eine Zeitlang gerührt, dann Mehl dazu so viel es annimmt. Den Teig ausgeweigert, mit Förmchen ausgestochen, die Stückchen mit Ei gefrischt, etwas verstoßene Mandeln und gestoßenen Zucker darauf gestreut und gleich gebacken.

Nikolause am laufenden Band

Besuch in der Schokoladenfabrik

Helmut Gräber nennt es seine „Hexenküche". Wie kommt er nur auf dieses Wort? Sicher, es brodelt und zischt gelegentlich in dem Raum mit den bauchigen Kesseln. Rohre winden sich an Wänden und Decken entlang, aufgerissene Tüten, halbgefüllte Bottiche stehen herum. Aber es ist hell, und ein ganz besonders angenehmer Duft liegt in der Luft. Süßlich ist er, und er erinnert an Weihnachten. Herr Gräber stellt nämlich Schokolade her. „Edel-Vollmilch" meistens, manchmal auch „Zartbitter". Tafeln macht er aber nicht in seiner kleinen Fabrik im Odenwald. Aus seiner Schokolade werden Nikolause. Manche haben einen weißen Bart, andere einen Tannenzweig in der Hand. Einige sind in buntem Stanniolpapier verpackt. Die meisten stecken aber in durchsichtigen Plastiktüten. Dass ein Schokoladen-Nikolaus aus der Fabrik in Reichelsheim-Beerfürth kommt, erkennt man an den kleinen weißen Etiketten unter den Figuren: „Wilhelm Eberhardt Back- und

Schokoladenwaren" steht darauf. Denn so heißt die Firma von Herrn Gräber.

Er hat sie von seinem Vater übernommen. Der hat ihm verraten, wie man Schokolade macht. Drei Dinge braucht man dazu: Kakao, Milch und Zucker. Die Kakaobohnen bestellt Herr Gräber in Hamburg. Dort kommen die Schiffe an, die Kakaobohnen geladen haben. Nur eine ganz besondere Sorte will der Schokoladenmacher haben – Kakaobohnen aus Indonesien. Aus denen kann man Schokolade herstellen, die besonders mild und hell ist.

Die Bohnen sind so groß wie eine Kirsche und haben die Form einer Mandel. Mit Hilfe einer Maschine werden sie zunächst geröstet, dann von einem anderen Apparat in kleine Stückchen gebrochen. Weil die Schale dünn und leicht ist, kann sie mit einem Ventilator weggeblasen werden. Die Kakao-Stückchen wirft Herr Gräber in eine rote Maschine. Die ist schon 42 Jahre alt, damit aber noch nicht einmal die älteste in der Fabrik. Nun werden die Stückchen gemahlen: Sie werden aneinander und an Stahlwalzen gerieben. Dadurch erhitzen sie sich und schmelzen. Schon bei 28 Grad Celsius wird die Kakaomasse flüssig. „Deshalb", erklärt Herr Gräber, „weicht Schokolade auch einfach so im Mund auf." Darin ist es bekanntlich ja wärmer als 28 Grad. Und deshalb, muss man hinzufügen, ist die Schokoladenfabrik im Sommer geschlossen: Erstens will dann niemand Schokoladen-Nikolause kaufen, und zweitens brauchte Herr Gräber dann eine Klimaanlage zur Kühlung.

Die flüssige Kakaomasse wird gleich mit Zucker gemischt und mit Milch – genauer, mit Milchpulver. Die Masse darf jetzt weder noch einmal fest werden, noch zum Stillstand kommen. Unentwegt wird sie in den Tanks und Bottichen, die sie noch durchlaufen muss, bewegt und auf mindestens 28 Grad gehalten. Wird sie fest, setzen sich nämlich die einzelnen Bestandteile wieder am Boden und an der Oberfläche ab. Das will der Schokoladenmacher vermeiden. „Die Nikolause sollen ja schön glatt und glänzend sein."

Schokoladenformen: Nikolaus

16, manchmal sogar 18 Stunden wird die Schokoladenmischung in einem Kessel verrührt. Er ist einen Meter hoch, sein Durchmesser ist ebenso groß, und er ist ganz voller Schokolade. In dem Kessel, „Conche“ heißt er genau, bewegt sich ein „Scherwerk“, also ein großer Mischer. Dadurch kommt immer wieder Luft in die hellbraune Mischung. Das ist wichtig, weil so bestimmte „Stoffe“, die nicht mehr in der Schokolade sein sollen, über die Luft entweichen können.

Am Ende rennt ein fingerdicker hellbrauner Strahl aus einem Rohr in einen Tank. 200 Kilogramm Schokolade fließen in der Stunde, genug für 1000 Nikolause – mittelgroße, denn Herr Gräber kann kleine, mittelgroße, große und ganz große Nikolause machen. Wie viele er pro Jahr schafft, hat er noch nicht gezählt – alle zusammen wiegen aber so viel wie 20 Autos. Allein kann er die Arbeit nicht bewältigen. Seine Familie hilft ihm, und er hat einige Frauen angestellt. Damit aus der flüssigen Schokolade Nikolause werden, sind nämlich noch mehrere Arbeitsschritte nötig. Durch ein Rohr wird die Schokolade in einen anderen Raum geleitet. Dort stehen auch Maschinen. Eine befüllt weiße Plastikformen mit der Schokolade. Sie sehen so ähnlich aus wie die Förmchen, mit denen kleine Kinder spielen. Ist die Schokolade darin, kommt eine identische leere Form genau oben drauf. Beide zusammen und viele andere Doppel-Hülsen auch werden in eine andere Maschine gesteckt. Die schüttelt und bewegt die Formen so, dass die Schokolade sich darin gleichmäßig verteilt. Dadurch werden die Nikolause innen hohl. Je mehr Schokolade Herr Gräber zwischen die Plastikhälften gießt, desto dicker wird der Nikolaus. Nimmt er zu wenig, brechen die Figuren hinterher zu leicht auseinander.

Nachdem die Formen abgekühlt wurden – in einem großen, liegenden Kühlschrank, durch den ein Förderband läuft –, werden die Figuren herausgelöst. Manchen wird ein Zweig angesteckt (festgemacht in einem Loch, das ein kleiner Lötkolben brennt), anderen eine Mütze aufgesetzt, je nachdem, was die Kunden mit Herrn Gräber vereinbart haben. Zum Schluss kommen die Nikolause in eine Tüte. Zum letzten Mal hilft eine Maschine bei der Arbeit: Sie verschließt die Beutel.

Zu dem weißen Bart oder dem Pelzbesatz verhelfen die Mitarbeiterinnen von Herrn Gräber den Nikolausen: Bevor die braune Schokolade in die Formen kommt, malen sie mit einem Pinsel weiße Schokolade genau dahin, wo später der Bart sein soll. Genauso gut können natürlich auch andere Teile der Figuren einen weißen Anstrich bekommen. Und selbstverständlich kann man die Nikolause – statt sie in eine Plastiktüte zu stecken – in buntes Stanniolpapier einwickeln. Auch dafür gibt es in der Schokoladenfabrik eine Maschine. Das Weihnachtsgeschäft ist für Schokoladenmacher Gräber schon fast vorbei. Die meisten Nikolause sind schon ausgeliefert. Neulich war er auf dem Dachboden. Dort bewahrt er die Plastik-Formen auf, in denen Osterhasen gegossen werden. Die macht Herr Gräber nämlich auch, sogar doppelt so viele wie vor Weihnachten Nikolause. Nächste Woche will er langsam mit der Produktion beginnen. Die ersten Kartons müssen noch vor dem vierten Advent ausgeliefert werden – damit Mitte Januar in den Supermärkten Schokoladen-Osterhasen vom nächsten großen Fest künden können.

Thomas Franke

Es Buttergebackene

Es wor noch vorm Krieg, do hot de Herr Rentner Briehinkel gelebt, un zwar so, wie's eme ehemalige Metzgermaaster als Rentner zukimmt. Sei Fraa hot sich uff die „Bildung“ geschmisse un uff die Wohldädigkeit. Seitdem die Zeit hatt, hatt se kaa mehr; wenigstens kaa mehr for ihren Haushalt. So wor se zum Beispiel Mitglied vum „Fieloästädische Klub“, wor im „Kumidee zur Bekempfung der

Junggeselle“, mit em aane Aag hot se die „Stillprämie“ unnerstitzt, un mit em annern hot se die Saiglingssterblichkeit verhinnern wolle. Wor bei sämtliche Wohldädigkeits-Veraastaldunge im Vorstand, zwaamol die Woch hot se im Kerchechor mitgesunge, viermol is se mit ihrne finf Döchter in die Danzstunn gange, außerdem wor se im Thejater abboniert, un sunst hot se sich mit dem Brobleem befaßt: Wie sag ichs meinem Kinde! –

Is es do e Wunner, wann sich de Herr Briehinkel als emol selbst um de Haushalt bekimmern mußt? – No, Gott sei Dank, er wor in seine Millideerzeit net umsonst e halb Johr lang Kicheordonanz bei de „115er“ – sein klitscherige Kadoffelsalaad, der hatt Band an de Hos, un Sunndags sein Rindsbrate mit „Schnitz un Brieh“, die wohrn beriemt im ganze Rejement.

No, was soll ich sage. Also an eme schöne Noochmiddag, wie er widdermol allaa dehaam wor mit seim jingste Spreßling, do seegt er zu dem: „Fritzche“, hot-er gesagt, seegt-er, „Fritzche“, waaßte wos, mir kennte mol heit Middag e Weil e bißje Buddergebackenes mache, eh mehrs merkt, is Weihnachte, no, un du waaßt, die Mudder hot doch so wenig Zeit …“

Deß Fritzche wor nadierlich gleich Feier un Flamm, un de Herr Briehinkel hot sich schnell e blau Kichescherz von seiner Alt zwaamol um de Leib gewickelt, un so konnt also deß Verbreche gejes Lewensmiddelgesetz beginne. In ere borzellanerne Kucheschissel hot er erst emol zehe Eier de Goraus gemacht, hot e halb Pund Budder dezu gedah, e Pund Zucker, zwaa Pund Mehl – no, un dann noch des nedige annere Zeig, wos eneigeheert: Ziddronat, Oranschad, Bomad, Mandel, Nelke, Peffer un Salz, Anisdrobbe, Kollefonium, Maggi, en Schuß Rum un en Spritzer Knorrs Sooß. Wie er alles beisamme hatt in de Schissel, do is es dann ans „Knede“ gange: Herrgott, deß wor e Gailsarweid. Deß Zeig wollt un wollt net dorchenanner kumme, de Schwaaß is em Briehinkel schobbeweis vum Kobb gedrebbelt, un die Schlunker sin nor so in de Kich erumgefloge. In de Raasch hot er aach noch die Rumflasch umgestumbt; no, wos zu redde wor, hot er rasch uffgezuggelt, deß annere hawwe se mit-em Butzlumbe uffgedunkt. Awwer deß Oosezeig wollt un wollt net dorchenanner kumme. Uff aamol is em Fritzche e Iwwerlandzentrale uffange: „Vadder“, seegt-er, hot-er gesagt, „Vadder, waaßte wos – mer leierns dorch die Flaaschmaschien ...“

Gesagt – gedah! – Awwer noochdem der Deig die Prozeduhr dorsch die Flaaschmaschien hinner sich gehatt hatt, do hot er ausgesehe, als wer-er schon emol gesse gewese – In seiner Angst hot jetzt de Herr Briehinkel die Sach uff de Owe gestellt un wollts koche. Un deß wor insofern ganz vernimfdig, als uff die Art wenigstens die Budder vergange is. No, un wie-er noch so dosteht un guckt in den Hexekessel, do duhts uff aamol en Knacks ... Aha, hot-er gedenkt, ewe werds Zeit, daß mer die Schissel vum Owe duh. Er hot se also am Schlawiddsch genumme, un wie er in de Midd vun de Kich wor – bauf, do duhts es Schlag, un die ganz Sooß hot uff de Erd geleje, die Schissel wor dorch den Ooseknacks, den wo se sich uff em Owe zugezoche hatt, in de Mitt ausenannergeblatzt. „Vadder“, seegts Fritzche, „ewe haste Glick, wann derr die Schissel ans Aag gefloge wer, werste blind worn.“ No, de Herr Briehinkel hot erst dem Bub aa aus- un dann den Deig widder uffgeschebbt un hot-en uff-em Kucheblech ausgeweljert, um endlich dem gewisselose Dreiwe e End zu mache.

Dann is es ans „Aussteche“ gange. Awwer deß wor doch net so eifach; bis er allsemol so e Buddergebackenes aus dem Blechförche hausgehatt hot, wors ganz verknutscht. No, endlich hatt-er doch so e Kucheblech voll vun dere schebbaanige Knibbelgadd, un damit de Bäcker kaans devo atze kann, hot-er jedes aanslige Stick von dem Buddergebackene mit Siegellack uffs Blech gebabbt.

Dann hot er dem Fritzche gesacht, er soll emol eweil die Spurn vun dem schauerliche Verbreche beseidige, er wollt eweil deß Gebäck gleich zum Bäcker drage. Er hot also deß Kucheblech voll uff de Wärsching genumme un hots vorsichdig die Drebb enunner ballangsiert. ’s hot en eigentlich e bißje scheniert, in dem Uffzug iwwer die Gass zu stolwern. E Glick nur, de Bäcker hot direkt wi-sa-wi, schreeg gejeniwwer, gewohnt. Uff die Art wor die Effentlichkeit so gut wie ausgeschlosse! Wie e Gespenst is er aus de Hausdier geschosse – eh er awwer richdig uff de Gaß wor – bauf, do kriegt-er en Stumber, es duht en Mordsschlag, er dreht sich e paarmol uff-em Dobbsch erum, un, batschdich, do hot-er geleje. Nadierlich hot gleich en Butze Mensche drum-erum gestanne, un noochdem sich unser Briehinkel in dere Volksversammlung langsam widder zurechtgefunne hatt, hot-er gemerkt, daß er en radfahrende Metzjerborsch iwwern Haufe gerennt hatt. Un es wor nor e Glick, daß gleich e Schutzmann do wor, sunst dehte nemlich de Herr Briehinkel un de Metzjerborsch heit noch beisamme steh un dehte sich gejeseitig die sämtliche gebräuchliche Name aus Brehms Tierlewe zurufe. Der Schutzmann hot also dene zwaa ihrn richtige Name in sein Daschealbum geschriwwe, un dodruffhie hot de Metzjerborsch sei Schissel voll Worscht un de Herr Briehinkel sei Blech voll Buddergebackenes widder uffgelese, un unnerm allgemeine Hallo hot sich der Klumbe in Wohlgefalle uffgeleest!

E bißje bedubbt is de Herr Briehinkel zu seim Bäcker un hot dort unner de Wasserleitung des Buddergebackene widder abgewesche.

Iwwerigens, als Buddergebackenes konnt mers kaum noch gelde losse, un nochdems gebacke wor, hots de Herr Briehinkel umgedaaft – als „Pefferniß" hots immerhie noch e ganz gut Fischur gemacht. No, er wor doch froh, wie er endlich deß „Gebäck" in de Dutt hatt, un e bißje edebedeede is er hammgestiwwelt. Ganz aanerlaa wors em jo net. Es hot-em so gewidderschwiel uff de Brust geleje, un die Kuraasch isem eklig mit Grundeis gange. Er hatt jo zwar nix zu beferchte, dann de Bäcker hot selwer gesagt, es deht zwar ganz gut schmecke, wanns nor net so stinke deht. Jedenfalls hatt-er aus Versehe e bißje zuviel Kollefonium dro gedoh. No, wanns waasch is, werrd sichs esse losse, hot-er gedenkt. –

Wie er dehaam die Drebb enuff is, hot-er in seiner Wohnung schun e Mordsgedees vernumme, e Geschnadder, als wann widder e paar Gäns es Kabbidohl redde wollte. Er hot erst e Weil vor de Glasdier gestanne, wie de Herkules am Scheidewähk – awwer schließlich hot doch de Mann inem gesiegt. „Auf in den Kabf, Torereo", hot-er gesagt, hot sei Dutt voll „Darmstädter Klaakunst" vor die Stuwwediehr gestellt un is stolz wie en Spanier in die „Kron". Unner gleichgesinnte Seele hot-er sei erst Debbie als Letschkondidder gehörig begosse, un zwar so lang, bis er a'nemme konnt, daß mit seine Weibsleit widder e vernimfdig Wort zu redde is. Awwer, du mein liewer Schiewer, wann is mit Weibsleit e vernimfdig Wort zu redde!

Zu allem Uglick hot-em am annern Dag aach noch de Metzjer die Bütt voll Worscht geschickt, die wo mit seim Buddergebackenes zusamme uff de Erd erumgefloge is. Awwer net zum Christkinche, sondern mit de Rechnung. Jetzt hett-er'm eigentlich deß Buddergebackene degeje schicke kenne. Aach mit de Rechnung. Der hett im Lewe noch so kaa deier Gebäck gesse, un wann-ers em zum Selbstkostepreis berechent hett. Awwer leider könnt er sich net mehr rewangschiern, dann sei Fraa hatt bereits die Buddergebackene-Pefferniß de Butzfraa zum Christkindche geschenkt. Un die hots Briehinkelse verzeh Dag druff uff Schadeersatz verklagt, weil se de Dokter in seine Korzsichtigkeit uff Gallestaa behannelt hot. Nooch de Obberatzion hot sichs awwer erausgestellt, daß es die unverdaute Pefferniß worn …

No, de Herr Briehinkel hot sich en Eid druff gelegt: Er backt im Lewe kaa Buddergebackenes mehr, seintweje mag sei Familie vehungern.

Robert Schneider

Die Geschichte der Frankfurter Bethmännchen

Es waren einmal vier Mandeln, die sollten berühmt werden in der Welt der Süßigkeiten. Eine glückliche Fügung des Schicksals verschlug sie nach Frankfurt, in das Haus des Staatsrates Simon Moritz von Bethmann. Zwar rätseln die Frankfurter heute noch gerne, wann die vier Mandeln zum ersten Mal mit der aus Marzipan hergestellten Brentenmasse zusammengebracht wurden. Doch gibt es mittlerweile keine Zweifel mehr, dass im Hause Bethmann schon 1838 das halbkugelförmige Gebäck mit den vier Mandeln beim Fünf-Uhr-Tee die Gäste begeisterte. Das kulinarische Interesse für diese Delikatesse blieb nicht ohne Folgen. Heute haben es die süßen „Bethmännchen", die 1988 ihren 150. Geburtstag feierten, rund um den Erdball fast zu ebensolchem Ruhm gebracht wie ihre pikanten Vettern, die „Frankfurter Würstchen".

Für die Gebäckforscher steht fest, dass es ein Franzose war, der die Familie Bethmann mit seinem wohlschmeckenden Einfall überraschte. Jean Jacques Gautenier hatte Ende des 18. Jahrhunderts Paris verlassen und sich in Friedrichsdorf im Taunus nahe Frankfurt niedergelassen, bevor er von dem angesehenen Frankfurter Bankier als Küchenchef engagiert wurde. Gautenier formte aus der schweren, süßen Gebäckmasse für die Brenten, die schon damals als Frankfurter Spezialität galten, kleine Kugeln. Um der Familie Bethmann eine Freude zu bereiten, schmückte er die Süßigkeiten mit jeweils vier Mandeln, für jeden der vier Söhne Moritz, Karl, Alexander und Heinrich eine. Als Heinrich 1845 mit 24 Jahren starb, wurden die „Bethmännchen" nur noch mit drei Mandeln verziert. Mit dieser Tradition haben die Konditoren bis heute nicht gebrochen.

Die Brenten, die auch Goethe schätzte, waren damals ein schwer zu bewältigendes Gebäck. Die großen Portionen wurden in Modeln geformt, nicht wie heute in mundgerechten Stücken angeboten. Die Bethmännchen hatten daher leichtes Spiel: In den Konditoreien der Stadt, die das Rezept sofort übernahmen, fanden die zierlichen Kugeln von Anfang an viele Liebhaber. Der Ruf dieser süßen Delikatesse reichte bald über die Frankfurter Stadtgrenzen hinaus. Während des Fürstentages 1863 in Frankfurt ließ es sich Moritz von Bethmann nicht nehmen, seine Gäste von dem neuen Gebäck probieren zu lassen. Die Bethmännchen wurden bei einer Soiree in der Villa Ariadne, dem Landsitz der Familie am Friedberger Tor, begeistert aufgenommen. Die Gästeliste verzeichnete viele prominente Namen: Neben Kaiser Franz Josef von Österreich nahmen 24 Fürsten und vier Bürgermeister der Freien Städte an diesem gesellschaftlichen Ereignis teil.

Wie die Brenten gehören die Bethmännchen zur Familie der Marzipanbackwaren. Beide Spezialitäten wurden anfangs vor allem als Weihnachtsgebäck geschätzt. Heute werden sie das ganze Jahr über hergestellt und tragen den Namen der alteingesessenen Frankfurter Familie in alle Welt. Die Geschichte des Marzipans reicht noch weiter zurück. Schon vor mehr als 500 Jahren wurde Marzipan in Frankfurt in der „Chronik des Kanonikus Bernhard Rohrbach“ erwähnt. Als er am 30. Januar 1464 mit zahlreichen Gästen im Hause von Alt-Limpurg die Vermählung von Catarina Schwarzenberger mit John von Holzhausen feierte, wurde in einer Tanzpause ein „Collatz von Schleckwerk, Marcepan und Zuckersachen“ durch schmucke Patriziersöhne mit graziösen Verbeugungen herumgereicht. Zu Beginn des 16. Jahrhunderts etablierte sich neben der Zunft der Lebküchler eine zunehmende Zahl von Zuckerbäckern, Wegbereiter der heutigen Konditoren. Sie brach-

ten es ein Jahrhundert später zu großem Ansehen und Wohlstand. Unter den 6000 Lutheranern und Calvinisten, die nach der Besetzung Antwerpens durch die Spanier in Frankfurt Zuflucht gefunden hatten, waren auch etliche fingerfertige und einfallsreiche Konditoren. Als der bekannteste galt der aus Tournai stammende Zuckerbäcker Abraham von Hammel, dessen Delikatessen sogar von Kunden im Elsass und in Burgund geschätzt wurden. Er baute 1620 eines der prächtigsten Bürgerhäuser des alten Frankfurt, das Haus „Zur Goldenen Waage" an der Ecke des Alten Marktes gegenüber dem Pfarrturm.

Johann Valentin Prehn, ein gebürtiger Frankfurter, der auf der Zeil ein Geschäft betrieb, führte die von den Belgiern begründete Tradition fort. Er war nicht nur ein kenntnisreicher Zuckerbäcker, sondern auch ein leidenschaftlicher Kunstsammler. Im Laufe eines halben Jahrhunderts erwarb er 800 kleine Gemälde, darunter Arbeiten von Cranach, Holbein, Ostade und Morgenstern. Seine Erben stifteten die wertvolle Sammlung, für die ihnen 11000 Goldgulden geboten wurden, der Stadtbibliothek. Heute zählen die Bilder zum Besitz des Historischen Museums in Frankfurt.

Die Geschichte der Frankfurter Zuckerbäcker ist auch eine Geschichte des Marzipans. Das älteste Rezept ist im „New Kochbuch" des Marx Rumpolt in Frankfurt aus dem Jahre 1581 überliefert. Man nehme zerstoßene Mandeln, die gleiche Menge Zucker, mische mit etwas Rosenwasser und Ei sowie feinstem Mehl. Aus dieser Masse wurden wahrscheinlich zu Beginn des 18. Jahrhunderts erstmals Brenten gebacken. Damals formten die Zuckerbäcker das mit den verschiedensten Zutaten vermengte Marzipan in großen Holzmodeln, bevor es für kurze Zeit in den Ofen geschoben („abgeflämmt") wurde. Die hölzernen Formen gerieten oft zu wahren Kunstwerken. Marzipan verwandelte sich in Modedamen, Ritter, Herolde und allerlei Getier.

Jede Patrizierfamilie buk die Brenten nach einem eigenen, streng gehüteten Rezept. Auch Johann Wolfgang von

Goethes Mutter schwor auf ihre spezielle Mischung für das Gebäck. Jedes Jahr „auf den heiligen Christ" schickte sie ihrem „Hätschelhans" Teebrod, wie die Brenten damals genannt wurden, nach Weimar. Nach ihrem Tod beauftragte der Dichter den Buchhändler Jügel, ihm von dem „berühmtesten Konditor Naschwerk schicken zu lassen". Dass er mit den Lieferungen dieses Zuckerbäckers nicht nur hochzufrieden war, sondern ihm auch jahrelang die Treue hielt, zeigen die Eintragungen in dem Haushaltsbuch Goethes in der Rubrik „Zahlung an Zuckerbäcker Anton Bernoully in der Töngesgasse 25".

Eduard Mörike inspirierten die Frankfurter Brenten sogar zu einem Gedicht: „Mandeln erstlich rat ich Dir, nimm drei Pfunde, besser vier …" Auch Franz Grillparzer konnte von den Brenten nicht mehr lassen. Jedes Jahr ließ er sich von Frankfurter Freunden das „Teebrod", wie es Goethe zu essen pflegte, „der mitunter etwas Schlechtes schrieb, aber nie etwas Schlechtes aß", schicken.

Für die Konditoren hatte das Handwerk jahrhundertelang in Frankfurt goldenen Boden. Messen, Kaiserkrönungen und rauschende Feste vermögender Bürger verschafften ihnen volle Auftragsbücher. Fürsten und Grafen aus Hessen und Baden bestellten süße Spezialitäten in Frankfurt, Kaiser und Könige lobten die Kunst der Konditoren. Zwar mischen deren Nachfahren heute kaum noch Mehl und Ei in die Marzipanmasse, doch blieben die Rezepte für Brenten und Bethmännchen bis heute fast unverändert.

Nur wenn es um den Namen geht, müssen die Konditoren die kleinen Halbkugeln mit den drei Mandelhälften bisweilen vor falschen Vermutungen in Schutz nehmen. Hartnäckig hält sich die Behauptung, die halbierten Mandeln, die das Gebäck zieren, erinnerten an betende Hände. Doch die Gebäckforscher sind überzeugt, dass die Leckereien nicht als „Bet-Männer", sondern als „Bethmännchen" zu genießen seien.

Johann Philipp Freiherr von Bethmann/
Karl Heinz Gundlach

Frankfurter Brenten

Mandeln erstlich, rat ich dir
Nimm drei Pfunde, besser vier
(Im Verhältnis nach Belieben)
Diese werden nun gestoßen
Und mit ordinärem Rosen-
Wasser feinstens abgerieben.
Je aufs Pfund Mandeln akkurat
Drei Vierling Zucker ohne Gnad.
Denselben in den Mörsel bring,
Hierauf ihn durch ein Haarsieb schwing!
Von deinen irdenen Gefäßen
Sollst du mir dann ein Ding erlesen,
Was man sonst eine Kachel nennt,
Doch sei sie neu zu diesem End!
Drein füllen wir den ganzen Plunder
Und legen frische Kohlen unter.
Jetzt rühr und rühr ohn Unterlass,
Bis sich verdicken will die Mass,
Und rührst du eine Stunde voll!
Am eingetauchten Finger soll
Das Kleinste nicht mehr hängen bleiben;
So lange müssen wir es treiben.
Nun aber bring das Gebrodel
In eine Schüssel (der Poet,
Weil ihm der Reim vor allem geht,
Will schlechterdings hier einen Model,
Indes der Koch auf Ersterer besteht)!
Darinne drück's zusammen gut,
Und hat es über Nacht geruht,
Sollst du's durchkneten Stück für Stück
Auswellen messerrückendick.
(Je weniger Mehl du streuest ein,
Um desto besser wird es sein.)
Alsdann in Formen sei's geprägt,
Wie man bei Weingebacknem pflegt;

Zuletzt – das wird der Sache frommen –
Den Bäcker scharf in Pflicht genommen,
Dass sie schön gelb vom Ofen kommen!

Eduard Mörike

Frankfurter Brenten

500 g Rohmarzipan, einige Tropfen Rosenwasser (aus der Apotheke), 120 g Puderzucker, 20 g Mehl, 1 Eiweiß

Rohmarzipan mit einigen Tropfen Rosenwasser, Puderzucker und dem rohen Eiweiß zu einem festen Teig verarbeiten. Etwas ruhen lassen, dann auf einem mit Zucker bestreuten Brett etwa 4 cm dick ausrollen. Die bekannten, dafür vorgesehenen Holzformen mit Mehl ausstreuen und in den Teig drücken. Dann vorsichtig aus der Form auf ein bemehltes Brett stülpen und 24 Std. an der Luft, jedoch in geschlossenem Raum trocknen lassen. Ein Backblech mit gefettetem Pergamentpapier auslegen, Brenten daraufsetzen und bei ca. 160 Grad 25 Min. backen, bis sie hellbraun werden.

Offenbacher Pfeffernüsse

Viele Städte haben ihre ureigenen weihnachtlichen Spezialitäten. So kennt man den Dresdner Stollen, die Nürnberger Lebkuchen, die Aachener Printen, die Frankfurter Bethmännchen. Doch für den Offenbacher sind all diese Leckereien nicht vergleichbar mit seinen „Peffernüss", die in der Lederstadt schon seit fast 250 Jahren hergestellt werden. Denn die „aechte Offebacher Peffernüss" sind nicht nur irgendwelche Pfefferkuchen, also kleine Lebkuchen, sondern eine wirkliche Spezialität. Schon 1889 lobte „Meyers Konversations-Lexikon" die Köstlichkeit als „besonders gut in Offenbach bereitet". Heute werden die Pfeffernüsse von Konditormeister Dieter Karl Rehn gebacken und sogar bis nach Amerika geliefert. In seiner Konditorei an der Offenbacher Goethestraße 84 sind sie nicht nur zur Weihnachtszeit zu erhalten, lose oder in Geschenkpackung.

Das Originalrezept wird von Rehn sorgfältig gehütet. Der heute 64-jährige Konditormeister hat es erst im Vorjahr von seinem ehemaligen Lehrherrn, dem bekannten Offenbacher Konditormeister Bernhard Schulte, übernommen, mit „Brief und Siegel" für garantierte Echtheit. Bekannt sind die Teigzutaten: Honig, Mandeln und Nüsse, Orangeat und Zitronat, Mandelblüten, Koriander und Zimt, dazu feines Mehl, Zucker, Eier und Milch. Geheimnis bleibt das Mischungsverhältnis, das den echten Offenbacher Pfeffernüssen ihren unnachahmlichen Geschmack verleiht. Der Namensgeber Pfeffer ist bloß minimal enthalten, verrät Rehn.

Charakteristisch für die Pfeffernüsse ist auch ihre makronenähnlich rissige Oberfläche, die an wirkliche Nüsse erinnert. Aus dem gewellten Teig werden die kleinen Kuchen per Hand kreisrund ausgestochen. Das fertige Gebäck hat etwa die Größe eines Fünfmarkstücks. Nachahmungsversuche seien bislang mehr oder weniger deutlich misslungen, meint Rehn verächtlich und nennt die

Imitate „Pflastersteine". Der stümperhafte Markenschwindel ist nicht neu. Schon vor rund 200 Jahren wollten Frankfurter Bäcker die Offenbacher Spezialität nachmachen – sie scheiterten ebenso wie ihre Nachkommen, berichtet die Chronik. Denn die Konsumenten konnten sehr wohl am Geschmack die faden oder pfefferscharfen Fälschungen vom würzigen Offenbacher Original unterscheiden.

Offenbachs Stadtarchivar Hans Georg Ruppel, seit Jahren fleißiger Sammler heimischer Weihnachtsbräuche, hat auch zahlreiche interessante Einzelheiten rund um die Pfeffernüsse aufgespürt. Nicht umsonst versuchten Frankfurts Zuckerbäcker dem Pfeffernuss-Geheimnis auf die Spur zu kommen, denn so manch prominentes Schleckermaul mochte von der Offenbacher Spezialität nicht lassen. Berühmtestes Beispiel ist Johann Wolfgang von Goethe, der sich die Pfeffernüsse von Offenbach nach Weimar schicken ließ. Sogar der Frankfurter Lokaldichter Friedrich Stoltze, der es nicht ganz lieb mit Offenbach hielt, lobte das Gebäck mit einem Vierzeiler. Auch heute noch gibt es zahlreiche Frankfurter Pfeffernuss-Verehrer, wie unschwer an den Autokennzeichen vor der Rehnschen Konditorei zu erkennen ist.

Hingegen konnten die Grimms aus Hanau der Offenbacher Leckerei scheinbar nicht ganz so viel abgewinnen, wie aus einem 1820 geschriebenen Brief von Ludwig Emil, Bruder der Märchensammler, an seine Schwester Charlotte hervorgeht: „Von den Offenbacher Pfeffernüssen esse nicht zu viel, sie sollen zu sehr erhitzen."

Offenbacher Pfeffernüsse wurden auch als schmackhafte Botschafter eingesetzt. Mit ihnen warben Offenbacher Wirtschaft und Stadtverwaltung in den dreißiger Jahren auf dem Weihnachtsmarkt der Reichshauptstadt Berlin für die Stadt am Main. Als nach dem Krieg das so genannte deutsche Wirtschaftswunder begann, wurden in den USA zwar Lederwaren als Offenbacher Exportartikel Nummer eins präsentiert – aber auch die Pfeffernüsse vorgestellt. Zur Kriegsweihnacht 1940 gab es Plakate mit der Auf-

Offfenbacher Pfeffernüsse von Schulte

forderung, den Soldaten Offenbacher Pfeffernüsse als Weihnachtsgrüße aus der Heimat zu schicken.

Die bislang erforschte Geschichte der Offenbacher Pfeffernüsse begann um das Jahr 1753, als sich der Zuckerbäcker Johann Fleischmann an der Offenbacher Schäfergasse niederließ. Das war damals das zwischen der Frankfurter und der Großen Marktstraße liegende Stück der Herrnstraße. Fleischmann blieb nicht lange alleiniger Bäcker seiner köstlichen Kreation. Denn seine beiden ehemaligen Lebküchnergesellen, die Brüder Johannes und Anton Lescheditzky, machten sich im Jahr 1773 selbstständig und hatten bald ebenfalls ein blühendes Geschäft mit den begehrten Pfeffernüssen aufgebaut. Ihr einst an der Waldstraße neben der Bahnunterführung gelegener Betrieb erlosch jedoch 1878 mit dem Tod des Nachkommen Heinrich Lescheditzky.

Aber die Offenbacher Pfeffernüsse starben weder mit ihrem Erfinder Fleischmann, noch mit dessen Nachkommen oder denen der Brüder Lescheditzky aus. Es fanden sich immer wieder Nachfolger, die das geheime Rezept übernahmen und später wieder weitergaben. So werden in den Offenbacher Annalen Johann Fleischmanns Sohn Wolfgang, dann dessen Sohn Philipp als Pfeffernuss-Bäcker genannt. Später Johann Martin Sarafin, ein Konditor Schulz und der nach Frankfurt ausgewanderte Offenbacher Konditor Heinrich Kurz.

Im letzten Jahrhundert ist die Herstellung bis 1998 mit dem Namen Schulte verbunden. Bernhard Schulte betrieb seine bekannte Konditorei mit Café über Jahrzehnte an der Frankfurter Straße 71, nahe der Luisenstraße. Erst im Alter von 85 Jahren schloss er seinen renommierten Betrieb. Dieter Karl Rehn, bei Schulte einst Konditorlehrling und seit 1965 als Meister selbstständig, wurde vom Altmeister der Pfeffernüsse als Nachfolger auserkoren. Am 29. April 1998 erhielt Rehn das geheimnisvolle Originalrezept von Schulte anvertraut. In einer Urkunde ist festgehalten, dass es sich auch wirklich um das seit Generationen gehütete Originalrezept handelt.

Für die zahlreichen Pfeffernuss-Liebhaber ist es tröstlich, dass die fast 250-jährige Tradition getreulich fortgesetzt wird. Und zumindest immer zur Weihnachtszeit geben sich die Kenner die Türklinke von Rehns Konditorei in die Hand.

Botho Wagner

Schwieriges Gespräch

Der Frankfurter Maler Leopold Bode (1831–1906) war sehr schwerhörig. Er war damit beauftragt worden, die Fresken im Kölner Dom zu malen, hoch oben auf einem Malergerüst.

Einmal besuchte auch König Wilhelm I. von Preußen den Dom. Er sah eine Zeit lang beim Malen zu, dann rief er hinauf: „Die Fresken werden offenbar schön, Herr Bode!“ Von oben herab kam die verblüffende Antwort: „Jawohl, Majestät, Offebacher Pfeffernìß sin e fei Fresse!“

Offenbacher Pfeffernüsse auf der Frankfurter Messe, Zeichnung von Emil Rumpf (1860–1948)

Offenbacher Pfeffernüsse

7 Eier werden $^1/_4$ Stunde lang gerührt, dann thut man 500 Grm. feingesiebten Zucker dazu und rührt dies $^1/_2$ Stunde. Hierauf wird für 3 Pfg. Pottasche, 25 Grm. gestoßener Zimmt, 5 Grm. Näglein, eine Messerspitze Pfeffer, 45 Grm. fein geschnittenes Citronat, 30 Grm. Pomeranzenschale, 625 Grm. Mehl tüchtig darunter vermengt. Dann formt man von der Masse nach Belieben Kügelchen mit der Hand, setzt sie in verhältnismäßiger Entfernung auf ein bestrichenes Blech und backt sie Tags drauf in einem nicht zu heißen Ofen.

Rezept von 1896

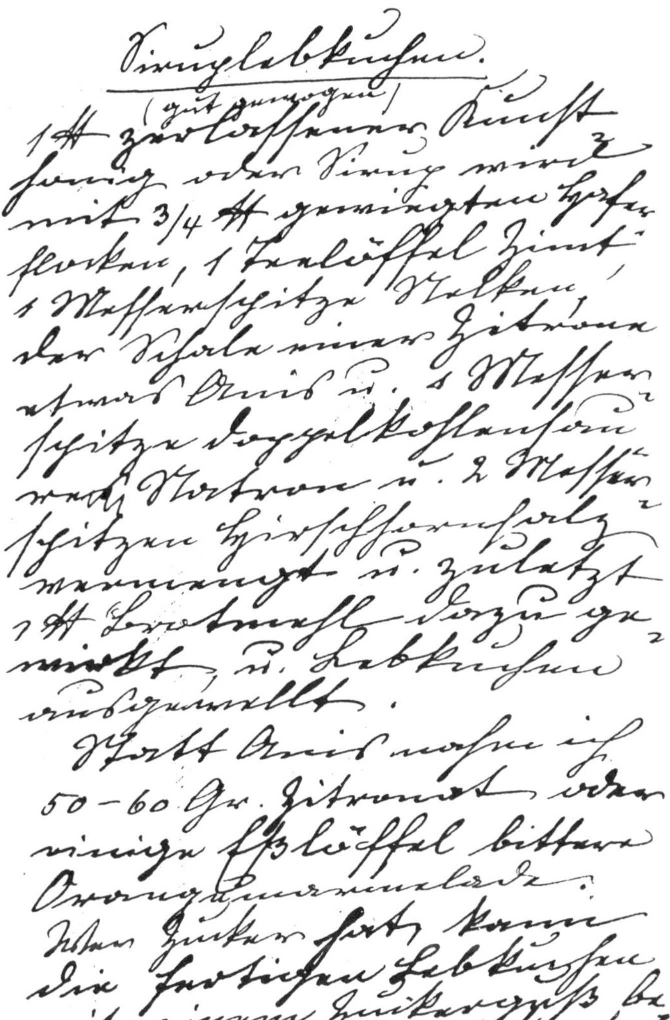

Honiglebkuchen.
(gut geraten)
1 ℔ zerlassenen Kunst-
honig oder Honig wird
mit 3/4 ℔ gereinigten Hafer-
flocken, 1 Teelöffel Zimt,
1 Messerspitze Nelken,
der Schale einer Zitrone
etwas Anis u. 1 Messer-
spitze doppeltkohlensauren
Natron u. 2 Messer-
spitzen Hirschhornsalz
vermengt u. zuletzt
1 ℔ Brotmehl darzu ge-
mischt, u. Lebkuchen
ausgewellt.
Statt Anis nahm ich
50–60 Gr. Zitronat oder
einige Eßlöffel bitterer
Orangenmarmelade.
Wer Zucker hat, kann
die fertigen Lebkuchen
mit einem Zuckerguß be-
streichen oder mit starken
heißem Zuckerwasser be-

Aus schwerer Zeit – Lebkuchenrezept aus dem Ersten Weltkrieg (Museum Otzberg)

Das heimische Weihnachtsgebäck wurde schon im 19. Jahrhundert von dem Angebot aus Nürnberg überlagert. In Nürnberg konnte man die traditionellen Lebkuchen das ganze Jahr über erwerben, wie es die flüchtige Zeichnung von Ludwig Emil Grimm (1790–1863) „Honigkuchen kaufen" bezeugt.

Rheingauer Weinäpfel

Die Rheingauer Weinbauern sind nicht nur tüchtig, sondern auch arg eigenwillig. Im späten Mittelalter waren sie beispielsweise mit ihrem Erzbischof in Mainz sehr unzufrieden. Sie wurden aus Protest kurzerhand evangelisch und diskutierten in den riesigen Weinkellern des Klosters Eberbach unter ständigem Nachschmieren der trockenen Kehlen. Tags darauf war es für die Mainzer Soldaten ein Leichtes, die lallenden und schwankenden Winzer festzunehmen und sie wieder zur Ordnung und zum katholischen Glauben zu rufen.

Hier lebt man nicht nur vom Wein, hier lebt man auch für und mit dem Wein. Da ist es nur natürlich, dass damit auch in der Küche experimentiert wird. Dass die kulinarischen Streifzüge unserer Altvorderen nicht vergebens waren, beweist dieses „Leckerli".

4 große Äpfel
4 Walnüsse,
1 gehäufter Teelöffel Sultaninen,
20 g Zucker, 0,7 Liter milder Rheingauer Riesling,
Soße: 1 Liter Milch, 1/2 Stange Vanille,
175 g Zucker,
25 g Stärkemehl,
3 Eigelb

Die Äpfel schälen und das Kerngehäuse ausstechen. Walnüsse kleinhacken und mit den Sultaninen, dem Zucker und dem Zimt vermischen, in die Äpfel füllen und in eine feuerfeste Form stellen. Den Wein eingießen und etwa 30 Minuten bei 160 °C im Backofen dämpfen.

3/4 Liter Milch aufkochen und die Vanillestange darin ausziehen lassen. Den Zucker dazugeben. Das Stärkemehl mit dem restlichen 1/4 Liter Milch und dem Eigelb verrühren. Die Masse der Vanillemilch zufügen und unter ständigem Rühren zum Kochen bringen. Abkühlen lassen und zu den heißen Äpfeln servieren.

Weihnachtsmärkt

Iwwerall kann mer jetzt seje
Weihnachtsmärkt in Stadt un Land.
Viele Mensche dun desweje
awends schlendern Hand in Hand
dorch die enge Budegasse,
wo man sich verzauwern läßt.
Mancher kann's noch gar net fasse,
daß so nah schun is des Fest.

's sin net nur die Lichterkette,
die aam festlich stimme eu.
All die viele Leit, die nette,
missc dort verzauwert seu.
Dut am Marktplatz sie umhille,
des was da liggt in de Luft.
Hot mer doch gesehnt im stille
sich schun lang nach diesem Duft.

Gliehweu un gebrannte Mandle
gewwe ihr Aroma ab,
un die Mensche, die dort wandle,
halte eu im Alldagstrab.
Hier e bißje was getrunke,
dort e Bratworscht schnabuliert,
wann hot so e Freid gewunke,
wann hot Glick mer so gespiert?

Frisch gestärkt, haaßt's zu genieße,
all die Sache, die dort sin,
Weihnachtskram un Gutsjer, sieße,
schun des Gucke bringt Gewinn.
Meistens wird aach was gefunne,
was aam Freid macht bei dem Gang.
Eilt Eich, bald sin sie verschwunne,
Weihnachtsmärkt stehn net sehr lang.

Werner Rühl

Glockenklang, Engelssang
und Glühweinduft

Weihnachtsmärkte
einst und jetzt

Weihnachtsmärkte

Eng verknüpft mit der Bescherung zu Weihnachten ist die Geschichte der Weihnachtsmärkte. Bekannt ist der Frankfurter Weihnachtsmarkt, volkstümlich „Christkinchesmarkt“ genannt, der im 14. Jahrhundert den Jahrmärkten angegliedert worden war. Dieser Markt im Dezember sollte der Bevölkerung einen größeren Einkauf für die Festtage vor dem Jahreswechsel ermöglichen. Zur Wonne von Jung und Alt, Arm und Reich entwickelte er sich erst im 18. Jahrhundert: „Als ich über den Marckt ging und die vielen Lichter und Spielsachen sah, dachte ich an euch und meine Buben ...“, so schrieb Johann Wolfgang von Goethe 1772 am „Christtag früh“ an Freund Kestner.

In den Kleinstädten und Marktflecken im Hessenland gab es aber auch jahreszeitlich bedingte Märkte, von denen der letzte im Jahr meist der Weihnachtsmarkt war.

Die meisten dieser Märkte haben ihren Ursprung im Mittelalter und gehörten zu den wichtigsten Privilegien, die vielfach vom Kaiser selbst verliehen wurden. Das Marktrecht erlaubte es den Städten, an festgesetzten Tagen Kaufleute von auswärts einzuladen, die Waren mitbrachten, die sonst nicht am Ort zu haben waren. Aber auch die einheimischen Handwerker und die Landwirte der Umgebung konnten ihre Waren und Produkte einem größeren Kreis von Marktbesuchern feilbieten. Ein Markttag war ein Festtag. An ihm strömte viel Volk, Käufer und Schaulustige aus Nah und Fern in den Marktort und die Umsätze, die an diesem Tag getätigt wurden, trugen zum Wohlstand der Bürger des Marktortes bei. Zu den bevorzugten Städten mit Marktrechten gehört das ehemals kurmainzische Dieburg, dessen Marktprivileg auf Kaiser Ludwig den Bayern zurückgeht: „1339, Januar 27., Ludwig der Baier tut auf die Bitte des Erzbischofs Heinrich von Mainz dem Rat und den Bürgern zu Dieburg die Gnad, daß sie 14 Tage vor St. Michaelis einen Jahrmarkt haben soll[en], indem er zugleich denjenigen, die ihn besuchen, Geleit und Frieden verheißt. – Frankenfurt, Mittwoch vor Kerzenweihe". Zwei weitere Märkte wurden von Kaiser Maximilian 1495 erlaubt, und zwar einer im Februar (Maria Reinigung) und im Juni (Peter und Paul).

Weitere Markttermine folgten und nahmen eine so feste Stellung im Wirtschaftsleben der Stadt ein, dass die Märkte vor dem 30-jährigen Kriege die in der benachbarten hessendarmstischen Residenz Darmstadt an Bedeutung noch übertrafen! Die Jahrmärkte wurden nicht nur nach den kirchlichen Namenstagen der Heiligen, sondern vielfach nach den jahreszeitlichen Brauchterminen genannt, so hieß im 19. Jahrhundert der Dieburger Markt im Februar „Ostermarkt" und der im Juni „Kirschenmarkt". Der älteste Markt am Montag nach dem 21. September hieß „Matthäusmarkt", der 1836 verlegt wurde, weil der Termin mit hohen jüdischen Feiertagen zusammenfiel und es deshalb den Juden als wichtigen Handelsmännern nicht möglich gewesen wäre, den Markt zu beschicken. Der „Simon- und Judäa-Markt" fand am Montag nach dem 28. Oktober statt. Wie dieser sich im Laufe des 19. Jahrhunderts vom Krämermarkt zum Spezialmarkt wandelte, zeigt eine zeitgenössische Zeitungsnotiz: „Der heute abgehaltene Simon-Judä-Markt hat seinen Charakter als Krämermarkt fast gänzlich verloren. Dagegen hat er sich mehr zu einem Spezialmarkt für Kränze und Blumen zum Gräberschmuck für Allerseelen ausgebildet und wird in dieser Beziehung gern und vielfach benutzt, den bezüglichen Bedarf zu decken."

Der letzte Markttag im Jahr war dann meistens der Weihnachtsmarkt, der kurz vor dem Fest stattfand und sich im Laufe des 19. Jahrhunderts mehr und mehr zum Spezialmarkt entwickelte, wo man neben den üblichen Haushaltungsgegenständen, Kleidungsstücken und anderen Gebrauchsgegenständen viele weihnachtliche Dinge, besonders Lebkuchen und Spielsachen kaufen konnte. Die meisten dieser alten ländlichen Weihnachtsmärkte gingen schon vor dem Ersten Weltkrieg ein. Von einem solchen

Frankfurter Weihnachtsmarkt

Weihnachtsmarkt in Lengfeld (Otzberg-Lengfeld) im Odenwald berichtet Friedrich Walter in seinen handgeschriebenen Erinnerungen.

Gerd J. Grein

Frankfurter Christkindchesmarkt

Der mit Abstand traditionsreichste Weihnachtsmarkt ist der Frankfurter „Christkindchesmarkt", nicht zuletzt deshalb, weil er schon immer ein Spezialmarkt für Weihnachtsschmuck und Spielzeug war.

„Ein Frankfurter geht nicht auf den Weihnachtsmarkt", lehrt uns H. P. Müller, „nein, er mecht mit seine Kinner uff de Christkinnchesmack. Im Christkindchen stört ihn das ‚d', das er durch ein zweites ‚n' ersetzt, und aus ‚markt' macht er ‚mack' – und er gibt dann auch ‚Mack für Mack' aus, stabile D-Mark."

Der traditionelle Platz für den Weihnachtsmarkt ist der Römerberg, der bekanntlich aus zwei „Bergen" besteht. Westlich am Römer ist der Römerberg, auf dem auch die Christbäume verkauft wurden, der östliche Teil wird der „Samstagsberg" genannt, weil dort Samstags Wochenmarkt gehalten wurde. Hier standen schon vor Jahrhunderten die Buden und Verkaufsstände des „Christkindchesmarktes". Vom Reiz des Weihnachtsmarktes haben wir zu Beginn dieses Kapitels schon Johann Wolfgang von Goethe berichten gehört. Eine Generation nach ihm fasst der in der Frankfurter Altstadt geborene Maler Carl Theodor Reiffenstein seine kindlichen Erlebnisse vom Gang über den Markt in seinen Jugenderinnerungen zusammen, die er zwischen November 1865 und Januar 1866 niederschrieb.

Aus der Zeit der Reiffenbergschen Rückbesinnung stammt ein sehr bekanntes Bild vom Frankfurter Chistkindchesmarkt. Es stammt von Peter Becker aus dem Jahre 1876 und befindet sich jetzt im Historischen Museum in Frankfurt. Die Umsetzung als Farblithografie hat dem Bilde weite Verbreitung und einen großen Bekanntheitsgrad verschafft. Peter Becker, den man den „Merian des 19. Jahrhunderts" genannt hat, zeichnet das „fachwerkgeschützte glückliche Getümmel zwischen Römer und Großem Engel nach, im Hintergrund den eingerüsteten „Parrtorn" während seiner Restaurierung nach dem Brand von 1867."

Der Christkindchesmarkt war aber auch im Laufe seiner Geschichte immer wieder Wandlungen und Neuerungen unterworfen. So vermeldet das Journal „Frankfurter Nachrichten" im Jahre 1865: „Wieder ein Fortschritt! Während bisher die Buden auf unserem Christmarkt mit Kerzen, Öl- oder Petroleumlicht erleuchtet waren, hat bei dem diesjährigen Markt Herr Spielwarenhändler Martin in seiner auf dem Römerberg stehenden umfangreichen Verkaufsbude eine brillante Gasbeleuchtung anbringen lassen, mittels deren sich allerdings die tausenderlei ausgestellten Gegenstände vorteilhafter ausnehmen als bei trübem Lampenlicht." Fürwahr eine einschneidende Neuerung! Ob alle Zeitgenossen dies als „Fortschritt" aufgefasst haben, bleibt dahingestellt. Und schließlich macht den eigentlichen Zauber des Weihnachtsmarktes die jeweilige nostalgische Rückbesinnung an vergangene Kindheitstage aus, wo ja vermeintlich alles besser, ruhevoller und deshalb schöner war. Deshalb mag es nicht sonderlich verwundern, dass die Berichte über den stimmungsvollen Christkindchesmarkt immer von betagten, honorigen Frankfurter Bürgern stammen, wie dies Sophie Eckhard-Jassoy in ihrem 1949 erschienenen Buch „Unvergängliche Vergangenheit, Erinnerungen einer alten Frankfurterin" tut. Sie schreibt ihre Erinnerungen an den Christkindchesmarkt kurz nach dem Ersten Weltkrieg auf. Es ist dies eine Zeit, wo man dem Weihnachtsmarkt einen bewusst festlichen Rahmen zu geben suchte und wohl ganz offensichtlich dem Nürnberger Christkindlmarkt nachzueifern suchte, der schon damals starre Regularien in Bezug auf

Dr. Heinrich Hoffmann (1809–1894): Titelbild zu „König Nußknacker und der arme Reinhold", 1851

das Aussehen der Stände und das Rahmenprogramm hatte. Dem von Fried Lübbecke angeführten „Bund tätiger Altstadtfreunde" kommt das große Verdienst zu, inmitten der versammelten Frankfurter Altstadt eine stimmungsvolle Atmosphäre für den Christkindchesmarkt zu schaffen.

Der Christkindchesmarkt hat seit dem 14. Jahrhundert nur wenige Male seinen Platz gewechselt: Im ersten Nachkriegsjahr war er an der Hauptwache, aber schon 1946 wieder am Römerberg. Von 1968 bis 1971 wurde seine Verlegung wegen des U-Bahn-Baues unumgänglich: Man verlegte ihn vor die Alte Oper, die damals noch Ruine war. Seit 1972 ist er wieder auf dem Römerberg und findet seine Fortsetzung auf dem benachbarten Paulsplatz, während die Weihnachtsbäume am Fahrtor verkauft werden.

In den siebziger Jahren drohte der Christkindchesmarkt in seinem Niveau abzugleiten, während Bierzelte und

Glühweinstände auf dem Vormarsch waren. Mit der Errichtung der historischen Ostzeile hat sich das Bild aber (scheinbar) geändert. Wie man auch zu diesem gewagten städtebaulichen Schritt stehen mag, dem Christkindchesmarkt verschafft sie die notwendige Kulisse, die kleinteilige Häuserzeile mit ihren hell erleuchteten Fenstern zwischen den Fachwerkbalken – ein überdimensionaler Adventskalender gewissermaßen!

Wie sechzig Jahre zuvor ist man bemüht, dem Christkindchesmarkt ein stimmungsvolles Gepräge zu geben, auch was die Buden und Verkaufsstände und das darinnen Angebotene anlangt. Die Inszenierung wird angenommen und neben dem Nürnberger Christkindlmarkt hat der Bruder in Frankfurt über Zuspruch nicht zu klagen. „Der Frankfurter Weihnachtsmarkt stößt an die Grenzen seiner Besucher-Kapazität", konstatiert bereits 1987 der Berichterstatter der „Frankfurter Rundschau" und zeichnet ein Bild chaotischer Verhältnisse:

„Nichts ging mehr am Samstag und Sonntag. Stillstand. Gedränge auf engstem Raum, weinende Kinder, zornige Erwachsene. Eltern mit Kinderwagen mussten noch vor Erreichen des Römerbergs kapitulieren: Staus reichten bis weit in die ‚Neue Krame' zurück. Doch das Vergnügen leidet darunter offensichtlich nicht.

Der Frankfurter Weihnachtsmarkt hat sich zu einem Wirtschaftsbetrieb der Superlative entwickelt. Die Gründe liegen auf der Hand: Die Wiederherstellung der historischen Ostzeile, der Platz zwischen Fachwerkhäusern und Römer hat eine eigene Atmosphäre. In die Form der Buden wurde in den letzten Jahren Ordnung gebracht. Ein abgestimmtes Konzept und ein attraktives Rahmenprogramm tun das Ihre dazu. So sieht es nicht nur Edgar Drexel, Vorsitzender des Schaustellerverbandes.

Der Frankfurter Weihnachtsmarkt hat sich zu einem der beliebtesten und reizvollsten in der ganzen Republik gemausert. Das machen nicht nur das besondere Flair, nicht nur die effektvolle Illumination und auch nicht die Turmbläser auf den Zinnen der Alten Nikolaikirche allein, wenn sie ihre weihnachtlichen Weisen spielen.

Auch das bunte Warenprogramm lockt die Massen. Die Vorboten des Weihnachtsmarktes strecken schon in der ‚Neue Krame' ihre Fühler aus. Glücksbringende Mistelzweige wechseln da ihre Besitzer, Aquarelle werden angeboten, Leckereien verkauft. Über dem Römerberg liegt ein eigentümliches Duftgemisch. Es riecht nach gebrannten Mandeln, nach Lebkuchen, Gewürzen und exotischem Tee. Weihnachtsschmuck, Holzspielzeug und Plüschtiere reizen Auge und Geldbeutel.

Weihnachtsbaum-Markt auf dem Römerberg

Handschuhe, Schals und gefütterte Hausschuhe finden reißenden Absatz. Heißer Glühwein avanciert zum begehrtesten Getränk. Kein Wunder bei den Temperaturen. An der Paulskirche sieht es keinen Deut besser aus. Eine lockende Versuchung neben der anderen: Handarbeit, Kunsthandwerk, Dinge zum bloßen Anschauen, Nippes und Kulinarisches. Kaum hat man einen flüchtigen Blick auf das ersehnte Objekt der Begierde werfen können, drängen die Nachfolgenden schon zum Weitergehen."

Gerd J. Grein

Lengfelder Weihnachtsmarkt

Lengfeld war früher ein Marktflecken. Auf 2 großen Tafeln, von denen sich eine am Ortseingang in der Reinheimer Straße befand, die andere an der Straßengabelung Zipfen-Nieder-Klingen, war zu lesen: Marktflecken Lengfeld – Amtsgericht Groß-Umstadt – Bezirkskommando – Darmstadt. In jedem Kalender waren im Verzeichnis für Messen und Märkte für Lengfeld drei Daten angegeben, je ein Tag im Mai-Juni, im Oktober und Dezember. Damit waren Wallfahrt, Kirchweih und Weihnachtsmarkt gemeint.

Am vorletzten Donnerstag vor Weihnachten war Lengfelder Weihnachtsmarkt. Das war natürlich ein Ereignis für Kinder und Erwachsene aus dem Dorfe selbst und der

Umgebung, wie Habitzheim, Nieder- und Ober-Klingen, Hering, Nauses und Wiebelsbach, in der Hauptsache aber für das Gesinde, für die Knechte und Mägde, die bei Bauern in Lengfeld bedienstet waren. Sie hatten einen halben Feiertag, und das bedeutete schon was zu der damaligen Zeit.

Vom Rathaus bis zur Kirche boten die Marktleute zu beiden Seiten der Straße ihre Waren an. Zuerst kamen Pirmasenser mit ihren Fabrikaten. Auf gekreuzten Bohnenstangen hingen auf einer längs dazwischen gelegten ganze Reihen von Schuhen und Stiefeln. Auf dem Boden standen Schnürschuhe, Pantoffeln und die begehrten warmen „Permesenser Schlappe".

Dann folgten Stände mit Winterkleidungsstücken. Joppen, warme wollene Halstücher, bunte „Baldine" für Kinder, Kapuzen, Hauben und Mützen. Weiter wurde angeboten: Christbaumschmuck und Spielsachen, dazwischen allerlei Stoffe und Wäsche, Haushaltwaren wie Kaffeemühlen, Reibeisen, Weljerhölzer, Bilder und Bilderrahmen.

Christbäume waren in großen Mengen vorhanden, von 20 Pfennig bis zu 1,00 Mark, selten darüber. Die Häfnerfrauen aus Eppertshausen hatten vor dem Gasthaus zur Krone alljährlich ihre Schüsseln und Töpfe auf dem Boden schön geordnet nebeneinander stehen. Es schlossen sich lange Standreihen mit Weihnachtsgebäck an, mit weißen und roten Anisplätzchen, Buttergebackenem und ab und zu auch mal Makronen dazwischen. Aber die Hauptsache waren die Stände mit den Lebkuchen. Hier trafen sich junge Menschen beiderlei Geschlechts, Knechte und Mägde. Zu verlockend waren die Lebkuchenherzen mit den darauf befindlichen, mit weißem Zuckerguss geschriebenen Sprüchen: „Dein ist mein ganzes Herz" oder „Bleib bei mir 3-4+4". Ein solches Herz von einem Burschen geschenkt und vielleicht sogar umgehängt zu bekommen, war das sehnliche Verlangen der Mädchen. Einander im Arm hängend, mit schönen vorgebundenen Schürzen zogen sie lachend und scherzend an den Burschen vorüber und gönnten ihnen einen freundlichen Zuruf. Diese waren auch froher Stimmung, und man sah die Knechte sogar am Werktag eine Zigarre rauchen, keine teure selbstverständlich („7 Stück für 20 Pfg. un e Röhrche debei"), wie sie der Löser Neu an seinem Tabakstand feilhielt.

Die Juden hatten den Weihnachtsmarkt gern. Zwar war der kurze halbe Wintertag nichts für große Geschäfte. Bei spärlichem Kerzen- und Laternenlicht wurde der Handel zu Ende geführt, und es wurde regelrecht hinauf und herunter gehandelt. Feste Preise waren damals selten. Der Aron war Kurz-, Wolle- und Ellenwarenhändler, der Sussmann handelte mit Holzwaren: Zubern, Eimern und Butterfässern. Zuletzt sei noch einer erwähnt, der nie auf dem Markt zu vermissen war. Das war der Messerschmied Nelius. Mit einem schwer bepackten, ledernen Ranzen kam er keuchend unter der Last den Feldweg von Groß-Umstadt her. Eine Straße gab es zwischen Umstadt und Lengfeld nicht. Er lieh sich immer im selben Bauernhaus eine Bütte und eine alte Stalltür. Auf die umgestürzte Bütte legte er die Tür, breitete eine Wachstuchdecke darüber und ordnete darauf seine eigens handgeschmiedeten Gegenstände: Messer, Scheren, Fleischgabeln, Hackbeile und sonstige gebräuchliche Sachen, die immer guten Absatz fanden. Zufrieden trat er mit leichterem Ranzen den Heimweg an. Es wurde Nacht. Der Weihnachtsmarkt (er bestand bis zum ersten Weltkrieg) war vorbei!

Friedrich (Fritz) Walter

Dä Weihnachtsmod

Ih Zeijhäng, inser kleene Stood,
dou feiern mer dä Weihnachtsmod.
Von wejther kumme Lejt gelöfe,
in jeder well hej noch wos köfe.
Un hett sall die Eröffnung seng,
es kumme Wejwer, Männer, Keng.
Die Promenenz ver alle Denge,
noch rechts un lings de Hut düth schwenge.
Da Borjemester hält ee Reede,
es speeln Posaune un Trompete.
In jeder weß nu ganz gewess,
da Weihnachtsmod eröffnet es.
Drei Doj sall nu dos Festche gieh,
om Paradeplatz veel Bude stieh.
Do kann ma Speelwerk, Klereng sah,
ver Jeden wäds scho nochwos gah.
Ee reichhaltiches Kulturprogramm,
dos bitt ma hej i Zeijhäng an.
Posaunenchöre un Mandeline,
die speeln i dä Kerch, im Museum, hej of da Biehne.
Hej wäd gespeelt – do wäd gesonge,
wos fer die Ahle un wos fer die Jonge.
Schwälmer Folklore, ich wells net vahäln,
die däf nadierlich och net fähln.
Doch halt, ich hätts beinah vergässe,
es gett unheimlich veel se Ässe,
es es beinah scho wos zum Wongern,
mer ment, die gaanze Walt dät hongern.
Die Wäschterche, Petzküche, Woschtsopp,
die gieh ganz schnäll dä Gorjel nobb.
Die ahle Woscht, dos Schwälmer Brot,
die Backe wänn nü retzerot,
dos es vom Glühwein ön vom Bier,
öh Kaffie-Küche getts noch hier.
Die Lichterkette strahln ön schwenge,

ön Weihnachtslierer hätt ma senge.
Doch nü noch wos ih eigner Sache,
well Reklame fers Museum mache.
Bei ins do drenn do es schie worm,
oh ahlem Wärk seng mer nett oarm.
Ehr saat ganz schiene Stickerei,
un öch des Ässe es debei.
Es gett doh Müsebrot mett Schmaand,
dos es bei Schwälmer Lejt bekaant,
ehr Ahner kunnts och mol probiern,
dobei wäd üch gornex passiern.
Die ahle Woscht off jeden Fall,
die wädd bei ins bestemmt nett all.
Ehr Lejt nü äßt üch rongdrem soot,
ön dreimul hoch däm Weihnachtsmod.

Annleis Glänzer

Frankfurter Quetschemänncher

Die beliebten Weihnachtsboten, dürr aber lustig, hatten im vorigen Jahrhundert eine besondere Bedeutung.

Der Verehrer schickte, wenn er schüchtern oder nicht redegewandt war, „wenn er mit em Maul net so gut fort könnt“, der Liebsten ein Quetschemännche ins Haus.

Wie das dann weiterging, erzählt C. W. Fischer:

Uff dem Christkinnchesmarkt, uff dem Römerberg,
Da gibt's gar mancherlei,
Un guckt mer genau, dann sinn gewiß
Aach die „Quetschemänner“ dabei. –
Die sinn seit Jahren grad wie genormt
Un immer aus derre Quetsche geformt.
Die hawwe vor Zeite e Roll gespielt,
Sie gälte als Liewesbote.
Un hat fer e Mädche en Mann was gefiehlt,
Dorch ihn hat er ihrs verrate.
Er schickt ihr ganz aafach den Schwarze ins Haus –
Un hat gewißt: Sie kennt sich jetzt aus.
Un hat se behalte den schwarze Gesell,
Dann war er aach selwer gar bald zur Stell,
Dann daht se en Kuß ihm schenke –,
Un des iwwerige kann mer sich denke! –
Doch hat se den Schwarze zurickgeschickt,
Dann war des Unnernehme mißglickt,
Es hat en alles nix genitzt,
Dann war endgiltig abgeblitzt.
So war des frieher – wie is es heut?
Verännert hat sich die alte Zeit,
Jetzt zeigt die Jugend gleich, was se kann,
Un braucht dazu kaan Quetschemann!

Die zwaa Unzertrennliche

(E glaubhaft Adventsgeschicht)

In Frankfurt war's – an em Dach im Advent –
Uffem Römerberch hawwe viel Lichter gebrennt.
Un zwische Verkaufsständ' schobe in Masse
Die Mensche, um sich verzaubern zu lasse.

Sie kame mit Kind un mit Keechel gelaafe
Zum Staune – zum Esse – zum Trinke – zum Kaafe,
Dem Chor der Posaune mit Andacht zu lausche
Un sich an de Fachwerkfassad zu berausche.

Erst als die letzt' Bratworscht verschwunne vom Grill,
Da wurd's uff em Weihnachtsmarkt ruhig und still,
Un dann, als de letzte Händler schloß' zu,
Da schien's so, als wär bis zum anneren Daach Ruh.

Doch – unner de Plane sin haamlich, bei Nacht
Zwaa Quetschefigürcher zum Lewe erwacht!
Obwohl doch ihr Herze von Quetsche en Kern,
Die Köpp nur e Walnuß: sie hatte sich gern!

Sie mocht sein Zylinder, sei Leiter am Arm
Un er ihr bunt Kopptuch (sie trug es mit Charm).
Verliebt sin die Beide zusammegerickt
Un hawwe sich in ihr Korinthe geblickt!

„Ach Liebster!", sprach sie, „ich mach mir so Sorje,
Womöglich trennt uns en Käufer schon Morje,
Dann kimmst Du nach Bernem un ich komm nach Nied,
Wenn net noch zuvor e klaa Wunner geschieht!"

Sie sank an sei Brust un fing aa zu flenne,
Er nahm sie in's Ärmsche: „Kaan Mensch soll uns trenne!"
Hat er ganz leise, zum Trost ihr gesacht:
„Die Liebe hat soviel schon möglich gemacht!"

Da! – Plötzlich beganne sich Dräht zu verrenke!
De beide Figürcher ihr Erdnußgelenke
Die hawwe sich umenanner gewunne,
War'n völlig untrennbar minanner verbunne!

Un als dann de Händler – noch müd un verdrosse –
Am annere Morjen sein Stand uffgeschlosse,
Da hat er gestaunt un hat Aache gemacht
Un hat sich for's Pärche en Preis ausgedacht!

Wer jetzt von Euch maant, des sei nur e Märche
Un Quetschefigürcher, die gäb's net als Pärche,
Der soll heut ganz schnell uf de Weihnachtsmarkt gehe,
Bevor se verkaaft sin – un net mehr dort stehe!!!

Erich Fries

Das Fest der Liebe

Leise weht's durch alle Lande
wie ein Gruß vom Sternenzelt,
schlinget neue Liebesbande
um die ganze, weite Welt.

Jedes Herz mit starkem Triebe
ist zu Opfern froh bereit,
denn es naht das Fest der Liebe,
denn es naht die Weihnachtszeit.

Und schon hat mit tausend Sternen
sich des Himmels Glanz entfacht,
leise tönt aus Himmelsfernen
Weihgesang der Heil'gen Nacht.

Hell aus jedem Fenster strahlet
wundersam des Christbaums Licht.
Und der Freude Schimmer malet
sich auf jedem Angesicht.

Lichte Himmelsboten schweben
ungesehn von Haus zu Haus;
selig Nehmen, selig Geben
geht von ihrer Mitte aus.

O willkommen, Weihnachtsabend,
allen Menschen, groß und klein!
Friedebringend, froh und labend
mögst du allen Herzen sein!

Adelheid Wette

Wir warten auf das Christkind

Kindleinwiegen, Heubündeltragen
und Stadtgeläute

Warten auf das Christkind

Voller Ungeduld warten die Kinder am Nachmittag des 24. Dezember auf das Christkind, nicht nur der Geschenke wegen. So ist es schon seit Jahrhunderten der Fall und auch unsere schnelllebige und konsumorientierte Zeit hat daran wenig geändert.

Früher wurden in Südhessen von den Kindern – oft mit Unterstützung der Erwachsenen – verschiedene „Vorkehrungen“ getroffen, damit das Christkind seinen Weg nicht verfehlen kann. In Altheim (heute Münster-Altheim im Kreis Darmstadt-Dieburg) wurde vom Turm der gotischen Kirche mittels eines Bettlakens das Christkind herbeigewunken und in zahlreichen Orten des hessischen Rieds im heutigen Kreis Groß-Gerau wurde das Christkind „heruntergeläutet“. In den späten Nachmittags- oder frühen Abendstunden erklangen die Kirchenglocken von allen Kirchtürmen und wurden eine Stunde geläutet! Dass einige der altersschwachen Glocken der hohen Anforderung nicht mehr genügten und zersprangen, lässt sich leicht nachvollziehen! Alleine deswegen soll man Anfang des 20. Jahrhunderts von diesem Brauch abgekommen sein.

„Christkind komm in unser Haus, leer Dein großes Säckchen aus, stell den Esel auf den Mist, damit er Heu und Hafer frisst“, lautet ein viel zitierter Kinderreim. In Leeheim im hessischen Ried findet heute noch alljährlich das „Heubündeltragen“ statt. Initiator ist der örtliche Heimatverein. Die Kinder bekommen am Dorfbackhaus die verschnürten Heubündel ausgehändigt, die flux nach Hause getragen und am Hoftor befestigt werden, damit das Christkind bzw. das Eselchen angelockt wird.

Gerd J. Grein

Pünktlich zum Glockenschlag um sechzehn Uhr begann am Heiligen Abend lebhaftes Treiben auf Leeheims Straßen. Trotz des nasskalten Wetters ließen es sich Leeheims Kinder nicht nehmen, nach altem Brauch Heubündel für den Esel des Christkindes zu verteilen.

Der Heimat- und Geschichtsverein versorgte am Vormittag des gleichen Tages mehr als 120 Kinder mit den entsprechenden Heubündeln, die am späten Nachmittag mit Eifer bei Oma, Tante oder Gothe abgeliefert wurden. Der Esel sollte doch am Weihnachtsabend nicht hungern müssen.

Natürlich gingen bei dieser Mission auch die Kleinen nicht leer aus. Für sie wurden in den mit Heu belieferten Stuben Tüten mit Plätzchen und dergleichen bereitgehalten.

Zahlreiche Zuschauer verfolgten das emsige Treiben auf den Straßen. Kaum war der letzte Heubündelträger außer Sicht, fand man sich zum traditionellen Umtrunk im Familienkreis oder im „Pfälzer Hof“ ein.

Um siebzehn Uhr traf sich alt und jung wieder vor der evangelischen Kirche in Leeheim. Der Bläsergruppe vom Musikzug des FC Germania 07 Leeheim unter Leitung von Ernst Schaffner gelang es wie jedes Jahr, mit besinnlichen Weihnachtsliedern auf das bevorstehende Fest einzustimmen.

(Zeitungsbericht)

Ehre sey Gott in der Höhe
Friede auf Erden.
L R
1855
A. GABER.

Nur Männer dürfen wiegen

Die Korbacher lassen keine Frauen ans Christkind

Wenn die Turmuhr von St. Kilian achtmal schlägt, können die Korbacher am Heiligen Abend ein eigenwilliges Schauspiel beobachten: Ungezählte Lichter schaukeln am Turm der alten Kirche. Bei guter Sicht kann der Lichtreif bis in die Ortsteile der Waldeck-Frankenberger Kreisstadt gesehen werden. Seit mehr als 450 Jahren wird dieser Brauch gefeiert, den die Korbacher das „Christkindwiegen" nennen.

Rund 80 Männer klettern jedes Jahr am Weihnachtsabend die 264 Stufen der steinernen Wendeltreppe bis zum Glockenturm hinauf, um Laternen, Lampions und Fackeln als Symbol des wiegenden Christkindes zu schwenken. Besonders Ehrgeizige haben ihre Laternen an bis zu 30 Meter langen Seilen befestigt, sodass die Lichter auch weiter unten an dem 92 Meter hohen Turm tanzen. Wer nahe genug an der Kirche steht, kann auch hören, was die Männer dort oben von sich geben: „Dies ist der Tag, den Gott gemacht", singen sie. Am nächsten Morgen um 7 Uhr, wenn sich das Prozedere wiederholt, erklingt „Wie herrlich strahlt der Morgenstern".

Ohne das Christkindwiegen kann sich Hermann Küthe, Sprecher der Korbacher „Weihnachtsfreunde", die das Spektakel organisieren, das Fest gar nicht vorstellen: „Für mich gehört es mehr dazu als die Bescherung." Bereits seit mehr als 50 Jahren steigt er mit seiner Laterne auf den Turm.

Über die Ursprünge dieses Brauchs gibt es nach Auskunft von Stadtarchivar Wilhelm Hellwig keine sichere Information. Klar ist lediglich, dass der erstmals in einer Urkunde von 1543 erwähnte Brauch tatsächlich noch aus vorreformatorischer Zeit stammt.

Dafür gibt es umso mehr Legenden um das Christkindwiegen. Während einer Pestepidemie, als viele Kranke im

Weihnachtsmonat in der Kilianskirche fieberten, sollen die noch gesunden Männer an Heiligabend ihre Fackeln hinauf zum Turm getragen haben, wo sie sie schwangen und Choräle dazu sangen. Danach soll die Seuche kein Todesopfer mehr gefordert haben. Eine abgewandelte Geschichte wird in Bad Wildungen erzählt, wo es ebenfalls ein „Christkindwiegen“ gibt: Da die Pestkranken abseits der Gesunden untergebracht wurden, konnten nicht alle Familien zusammen feiern. Das „Christkindwiegen“ – in Bad Wildungen besteht es nur noch aus Posaunenspiel vom Turm der Stadtkirche – brachte die Menschen dann näher zueinander.

Die besonders konservative Variante dieser ungewöhnlichen Art der Geburt Christi herrscht jedenfalls in Korbach. Zwar dürfen heutzutage nicht allein die Alteingesessenen auf den Kirchturm steigen, sondern auch einmal ein Gast wird geduldet, keinesfalls jedoch darf eine Frau das Christkind wiegen. Einmal soll sich eine versehentlich dazwischengemogelt haben, erzählt Küthe. Die habe man „richtig verketzert“.

Und als dann grundsätzlich über die Frage von Frauen beim Christkindwiegen diskutiert wurde, kamen die „Weihnachtsfreunde“ Küthe zufolge einhellig zu der Meinung: „Wir wollen auf diesem Gebiet keine Emanzipation aufkommen lassen.“ Dafür müssen die männlichen Mitglieder die erste Strophe von „Ihr Kinderlein kommet“ singen, um in die Vereinigung aufgenommen zu werden. Durchgefallen sei noch keiner.

In Bad Wildungen und Alsfeld, wo es ein so genanntes Christkindwiegen gibt, begrenzt man die Frauen nicht auf die Froschperspektive. Entweder gehören Frauen zu den beteiligten Chören oder dürfen zumindest als Besucherinnen teilnehmen.

Durch Laternen erleuchtete Kirchtürme gibt es in diesen Städten allerdings nicht. In Bad Wildungen steigen Musiker der Feuerwehr auf die Stadtkirche, um ab 21 Uhr Weihnachtslieder erklingen zu lassen. In Alsfeld, wo der Brauch vor 150 Jahren erstmals erwähnt wurde, sind Bläser und Sänger zu hören. Bei Einbruch der Dunkelheit steigen sie auf den Glockenturm der Walpurgiskirche, wo sie im Stundenabstand (17, 18 und 19 Uhr) spielen. Nach der Tradition beginnt die Bescherung in Alsfeld erst, wenn das letzte Lied verklungen ist.

Gesa Coordes

Christkindchen wiegen

Ein, soviel mir bekannt, sonst nicht vorkommender Brauch, dessen schon in der Mitte des sechzehnten Jahrhunderts gedacht wird, besteht im Waldeckischen noch bis heute in Wildungen und Korbach. Am Abend vor Christtag steigen die jungen Leute auf die Umgänge der Kirchtürme und lassen unter Musik und Gesang und helle papierne Laternen schwingend eine Menge Lichter durch die dunkle Nacht leuchten. Man nennt das „das Christkindchen wiegen". Ebenso findet dort auf einzelnen Dörfern in der Christnacht das so genannte Beiern statt. Man setzt nämlich den Glockenklöpfel nach einem bestimmten Takte mit der Hand in Bewegung und erzeugt dadurch ein eigentümliches Geläute, eine Sitte, die früher auch anderwärts in Übung war.

Georg Landau

Viermal im Jahr erklingt das Frankfurter „Große Stadtgeläut“

Wie erwandert man eine Sinfonie? Auf eine besonders schöne Art, wenn man eine halbe Stunde lang dem gewaltigen Konzert lauscht, wenn die 50 Glocken aller zehn Frankfurter Innenstadtkirchen zusammenklingen. Nur viermal im Jahr hört man sie gemeinsam mit ihren volltönigen Stimmen: am Tag vor dem ersten Adventssonntag, am Heiligen Abend und an den Samstagen vor Ostern und Pfingsten. Dann scheint es so, als ob das Herz der City plötzlich anders schlagen würde. Tausende von Menschen lauschen dem erhabenen Chor, der am Heiligen Abend besonders festlich ist, und erleben beim Gang über Römerberg, Paulusplatz, Hauptwache oder Eisernen Steg den je nach Entfernung immer wieder sich verändernden Klang der einzelnen Geläute, dem der mächtige Bass der „Gloriosa“ im Kaiserdom den Höhepunkt gibt.

Das große Frankfurter Stadtgeläut ist in seiner heutigen Klanggestalt gerade 30 Jahre alt, hat aber historische Wurzeln, die weit in die Vergangenheit Frankfurts zurückreichen; entstanden ist es aus der engen Verbindung der Stadt mit dem Kaiserturm.

Im Jahre 1802 wurden auch in Frankfurt die Kirchengüter säkularisiert, d. h. sie gingen in das Eigentum der Freien und Reichsstadt Frankfurt über. Sie übergab die Kirchen der evangelischen bzw. katholischen Gemeinde „zum immerwährenden Gebrauch“, blieb aber stets Eigentümerin, unter anderem auch der Glocken. Und das gilt noch heute!

Nach Ende des Zweiten Weltkrieges kehrten nur das unvollständige Domgeläute und einige Einzelglocken nach Frankfurt zurück.

Da die Stadt aufgrund der vorher geschilderten und in Deutschland einmaligen Rechtslage Eigentümerin der

Kirchen ist, beauftragte sie 1954 den Mainzer Professor Paul Smets und den Glockengießer Fritz Rinker aus Sinn mit der schwierigen Aufgabe, ein Gesamtsystem zu erstellen, das auf dem in seinen Hauptglocken geretteten Domgeläute aufbauen sollte.

Wie gewaltig die Leistung war, lässt sich ermessen, wenn man bedenkt, dass dadurch eine 47-stimmige Glockensymphonie entstanden ist.

Beim Dombrand 1867, der von vielen Frankfurter Bürgern als Brandmal der im Jahr zuvor verlorenen Unabhängigkeit angesehen wurde, schmolz das alte, bis in das Mittelalter zurückreichende Geläute.

Mit dem Neuguss beauftragte die Stadtverwaltung den erst 28-jährigen Meister Hermann Große in Dresden, der 1877 ein Geläute aus neun Glocken und einer Sturmglocke goss. Die Hauptglocke, die „Gloriosa", hat ein Gewicht von knapp 12 Tonnen! Ihr Vorbild war die Erfurter „Gloriosa" von 1497.

1917, im Ersten Weltkrieg, wäre ihr Schicksal fast besiegelt gewesen. Damals wurden viele Glocken für Kriegs-

zwecke eingeschmolzen. Das Frankfurter Domgeläute wurde jedoch in die Liste der unersetzlichen, unter allen Umständen zu erhaltenden Geläute aufgenommen – und blieb verschont. Nur die Sturmglocke, die nicht zum Geläute zählte, endete im Schmelzofen.

Die Nazis waren nicht so pietätvoll. Das Geläute wurde nur als bedingt schützenswert eingestuft und 1942 auf den Glockenfriedhof nach Hamburg gebracht. Dort überlebte es erstaunlicherweise fast vollständig die Bombenangriffe und kurz vor der geplanten Einschmelzung war dann der Krieg zu Ende. Mitte Juli 1947 brachte ein Schiff die „Gloriosa“ und sechs weitere Domglocken nach Frankfurt zurück.

Da die Klöppel allesamt fehlten, konnten die Glocken erst einige Tage vor Weihnachten in ihre Glockenstuben hinaufgezogen werden, wo sie dann erstmals in der Nachkriegszeit die Christnacht einläuteten.

Den „Carolus“, mit 4630 kg die zweitgrößte Domglocke, sollte man noch erwähnen. Er läutet allein vor dem Karlsamt am letzten Samstag im Januar zum Gedächtnis Kaiser Karls des Großen, der in Frankfurt heiligenmäßige Verehrung genießt und der Schutzpatron dieser Stadt ist. Der „Carolus“ läutet auch allein zur Karfreitagsliturgie.

Die Formen eines allgemeinen Stadtgeläutes sind in Frankfurt seit 1347 bezeugt. Sie wurden in den folgenden Jahrhunderten ein Kennzeichen der von der gesamten Stadt begangenen öffentlichen Trauer-, Freuden-, Bitt- und Dankfeste.

Im Mai 1856 etablierte der Senat der Freien Stadt Frankfurt kraft staatlicher Machtvollkommenheit „das allgemeine Geläut durch sämtliche Glocken“ als weltliches Festgeläute zu Weihnachten, Ostern und Pfingsten.

Seit Dezember 1999 gibt es eine neue CD mit dem Titel „Frankfurt am Main. Glocken – Glockenspiel – Großes Stadtgeläute“, erhältlich unter anderem im Römerbüro und im Dommuseum, aber auch in der Carolus-Buchhandlung am Liebfrauenberg.

Gerd J. Grein

Buchsbaum, Nissebaum und Zuckerbaum

Verschiedene Weihnachtsbäume in Hessen

Ludwig Emil Grimm (1790–1863):
Weihnachten im Hause Hassenpflug, Radierung

Der Weihnachtsbaum in Hessen

Das Weihnachtsfest ist eng verbunden mit dem symbolträchtigen, lichtergeschmückten Weihnachtsbaum. Er steht im Mittelpunkt der häuslichen Weihnachtsfeier, er ist Dreh- und Angelpunkt der vielschichtigen Bescherzeremonien, vermittelt so recht die Wärme und Geborgenheit dieses Festes, welches ja als das schönste unter den zahlreichen Jahresfesten gewertet wird.

Man ist leicht geneigt, dem Weihnachtsbaum eine lange, fortdauernde Tradition aus der urchristlichen Gemeinschaft bis zur Jetztzeit zuzuschreiben. Es wird deshalb verwundern, wenn man feststellt, dass der Weihnachtsbaum als Symbol der bürgerlichen familiären Weihnachtsfeier seine Gestalt erhielt und erst so richtig zur Zeit des Biedermeier zum Mittelpunkt des Heiligen Abends wurde.

Das Schmücken der Häuser und Stuben zur Jahreswende und anderen winterlichen Festen mit grünen Zweigen, Büschen und Bäumen war zwar schon früher üblich, war aber mehr als Auszier und Symbol der Lebenserneuerung zu verstehen. „Der Gedanke, mit grünen Zweigen den Jahreswechsel zu feiern, reicht bis zu den Römern, die ihre Häuser zu den Kalenden mit Lorbeerzweigen schmückten. Für das mittelalterliche Deutschland ist solcher Grünschmuck aus vielerlei kirchlichen Verboten belegt. Eibe, Stechpalme, Wacholder, Mistel, Tanne und Fichte sollten Haus und Hof mit allen ihren Bewohnern von Gefahren freihalten."

So ist auch die Passage aus Sebastian Brants „Narrenschiff" zu verstehen, welches er 1494 schrieb:

Und wer nit etwas Nuwes hat
Und umb das nuw ja singen gat
Und grien tannries steckt in syn hus,
Der meint, er leb das ganz ja nit us!

„Weihnachtsmeien", grüne Zweige zur Weihnachtszeit, sind auch aus dem Elsass seit dem 16. Jahrhundert überliefert. Geiler von Kaisersberg wetterte in einer Predigt 1508 am Sonntag vor Mittfasten gegen die Weihnachtsbäume als heidnisches Attribut: Die Heiden hätten um Neujahr den Januar oder Janus geehrt, „etlich mit tantzen und springen, ander mit stechen, ander mit Danreis legen, ander mit bechten (schmausen), ander daß sie einander gaben schicken, lebkuchen."

Die Geschichte des Weihnachtsbaumes im heutigen Sinne beginnt mit dem Auftreten des geschmückten Baumes bei den Festbräuchen der Handwerker und Zünfte. In einer Bremer Zunftchronik ist 1570 von einem „Dattelbäumchen" zu lesen, einem kleinen Tannenbaum, mit Äpfeln, Nüssen, Datteln, Brezeln und Papierblumen besteckt. Er war aufgestellt im Zunfthaus; die Kinder der Zunftgenossen durften ihn zu Weihnachten abschütteln!

Aus diesem geselligen Bereich drang dann der Weihnachtsbaum allmählich in den abgeschlossenen Bereich des häuslichen Familienlebens. Auch hierüber liegen wieder die ersten Nachrichten aus dem Elsass vor: „Auff Weihenachten richtett man Dannenbäum zu Straßburg in den Stuben auff[,] daran henckett man roßen auß vielfarbigem papier geschnitten, Äpfel, Oblaten, Zischgold, Zucker etc. Man pflegt darum ein viereckent ramen zu machen." (Aus: Einige beobachtete Merkwürdigkeiten in Straßburg, 1605).

1657 schreibt Johann Conrad Dannhauer: „Unter anderen Lappalien, damit man die ganze Weihnachtszeit oft mehr als mit Gottes Wort und heiligen Übungen zubringet, ist auch der Weihnachts- oder Tannenbaum, den man zu Hause aufrichtet, denselben mit Puppen oder Zucker behänget, und ihn hiernach schütteln und abblümen läßt. Wo die Gewohnheit herkommen, weiß ich nicht; ist ein Kinderspiel ... Viel besser wäre es, man weihte die Kinder auf den geistlichen Cedernbaum Christum Jesum."

Mit der Reformationszeit wurden die Handwerkerfamilien Träger des Baumbrauches und im 17. und 18. Jahrhundert wurde der Weihnachtsbaum von Stadt zu Stadt verbreitet. Hohe Beamte und wohlhabende Bürger übernahmen und pflegten das neu entstandene Brauchtum.

Aufwendig geschmückte Obstbaumzweige (aus: Simplizianischer Wundergeschichts-Calender aus dem Jahr 1795)

Der Simplizianische Wundergeschichts-Calender aus dem Jahre 1795, der in Nürnberg verlegt wurde, gibt eine eingehende Schilderung der aufwendigen Weihnachtsbaumsitte:

„Zuerst will ich Euch einen Christkindelsbaum beschreiben, dergleichen Ihr in Eurem Leben nicht gesehen habt, und die Pracht davon Euch kaum werdet vorstellen können. Ihr müßt nemlich zum Voraus wissen, daß wir hier in unserer Gegend die löbliche Gewohnheit haben, alle Jahre, kurz vor Weyhnachten, etliche Sorten von Bäumen, als Kirsch-Apfel-Hollunder und andere Bäume in die Stuben in einen Hafen oder Stütze mit Wasser zu stellen, welche gewöhnlich zur Zeit des Christtages blühen, was allerdings sehr schöne siehet, daß ist nicht zu leugnen... Der stand nun mitten in einer Stube in der Ecke, und seine Zweige waren so ausgebreitet, daß sie fast die Helfte der Decke der Stube bedeckten, und man darunter stand, wie unter einer Sommerlaube. In allen Aestchen und Zweigen hiengen nun allerhand kostbare Conditor- und Zuckerwaren, als: Engel, Puppen, Thiere und dergleichen, alles von Zucker: welches mit den Blüthen des Baumes gar artig harmonisierte. Ferner hing auch vergoldetes Obst, von allen Sorten, in großer Menge daran, so daß man unter diesem Baume wie in einem Speisegewölbe sich befand: und es ist nur Jammerschade, daß nicht auch Schinken und Bratwürste (wovon ich ein großer Liebhaber bin) und Schwartemagen, Ochsenfüsse, nebst gebratenen Tauben dran hiengen. In der Mitte dieses Magazins befand sich der heilige Geist in seiner gewöhnlichen Gestalt, als eine allerliebst schöne Taube von Zucker, zur Rechten hieng das Christkindlein, und zur Linken seine Mutter – gar niedlich anzusehen, und alles von Zucker, so daß ich beyde, die Jungfer Maria nebst ihrem Kinde, vor Liebe wohl hätte fressen mögen, wenn es wäre erlaubt gewesen. Endlich war der ganze Baum, mit allen seinen Zweigen und Früchten, mit einem goldenen Netz, das von vielen tausend vergoldeten, und an Schnüre gereihten Haselnüssen gar künstlich zubereitet war, überzogen, und mit Guirlanden und Bandelotten, wie an einem Kronleuchter gezieret. Zwischen all diesen Kostbarkeiten leuchteten eine unzähliche Menge Wachslichtlein hervor, wie Sterne am Himmel, welches ein prächtiger Anblick war."

Neben der städtischen Schicht der Handwerker wurde im 18. Jahrhundert die internationale Aristokratie zum Träger und Propagandist des Weihnachtsbaumbrauches. Liselotte von der Pfalz, die nach ihrer Heirat mit dem Herzog von Orleans in der neuen französischen Heimat von Heimweh geplagt wurde, schreibt 1708 in ihrer Rückerinnerung über die heimatlichen Weihnachtsbräuche am Hofe zu Heidelberg:

„Da richtet man Tische wie Altäre her und stattet sie für jedes Kind mit allerlei Dingen aus, wie neue Kleider, Silberzeug, Puppen, Zuckerwerk und alles Mögliche. Auf diese Tische stellt man Buchsbäume und befestigt an jedem Zweig ein Kerzchen; das sieht allerliebst aus, und ich möchte es heutzutage noch gern sehen ..."

1796 erstrahlte der erste Weihnachtsbaum im Wandsbecker Schloss, Goethe führte ihn zur gleichen Zeit angeblich in Weimar bei Hofe ein.

Ludwig Lindenmeyer, ein nassau-saarbrückischer Beamter, erzählt im „Jahrbuch seines Lebens“ von der Weihnachtsfeier, die er 179 im Großen-Lindener Pfarrhaus bei seinem Oheim Chr. Friedr. Lindenmeyer miterlebte, von dem „Putzen der Zuckerbäume“, „der Freude der Kleinen über die reichlichen Bescherungen und die Wachslichtchen, die ihnen am heiligen Morgen entgegenfunkelten.“ Und von Weihnachten 1797 heißt es: „Eine einzige Visite machten wir abends in Lützellinden, wo wir die Jungfer Weitershausin durch einen mit Marzipan und Lichtern gezierten Zuckerbaum überraschten.“

In Erinnerung an seinen Aufenthalt in Großen-Linden, der offensichtlich einen großen, nachhaltigen Eindruck auf ihn ausübte, dichtete er:

Wie kehrte uns auf weichem Fittig oft
Die längst entschwundne Kinderzeit zurück,
Wenn uns der Schelle liebliches Getön
Am Weihnachtsmorgen in das Zimmer rief,
Wo von dem reich behängten Zuckerbaum
Der Früchte Pracht im holden Zauberschein
Des Wachslichts uns entgegenflimmerte.

Ein weiteres Zeugnis liegt uns aus dem Jahre 1805 vor, das uns deutlich macht, dass der Weihnachtsbaum z. B. im südlichen Odenwald noch gänzlich unbekannt war. Der Theologe J. Paul Wallot (1777–1824), der aus Oppenheim stammte und seit 1797 in Heidelberg lebte, schrieb von dort aus am 26. 12. 1805 an seinen Vater Hrch. Julius Wallot einen Glückwunschbrief zum neuen Jahr, in dem es heißt: „Gestern war hier, wie in der ganzen Christenheit der erste Christtag. Am Abend vorher war über und über bescheert; ich bescheerte auch. Da habe ich 3 Pyramiden erbaut von Pappendeckel, auf einen Piedestal gesetzt, 50 und etliche Lichtchen dran geklebt und diese angezündet, daß es eine Freude war das viele Licht zu sehen. Da lagen auf 3 Tellern die Gaben meines Christkindchens für meine Frau Prinzipalin, die älteste Tochter und von diesem brachte mir der heilige Christ desgleichen. Der Herr Prinzipal kriegte nichts und gab nichts als ein sauer Gesicht.“

Der hessische Märchensammler Jacob Grimm erinnert sich 1803 in einem Brief an seinen Freund Paul Wigand an die Weihnachtsfeste seiner Kindheit im Elternhaus in Steinau. „Welch ein feierlicher, geheimnisvoller Tag war

Frontispiz des von Friedrich Wilmans in Frankfurt verlegten „Taschenbuch für das Jahr 1809“

das für mich! Da wurden wir abgesondert, durften das mysteriöse Zimmer nicht betreten, wir lauschten, endlich wurde geschellt. Den Eintretenden fiel gleich der hohe Christbaum in die Augen, überhangen mit goldenen und silbernen Äpfeln, Nüssen, wohl auch einer Schaumünze. Welch wahre Freude! Ich dachte an nichts anderes, alles war vergessen. So kindlich kann ich mich jetzt gar nicht mehr freuen, nie kehrt eine solche Zeit wieder!" Seinem Bruder, dem Maler Ludwig Emil Grimm, verdanken wir drei sehr frühe Darstellungen des Tannenbaumes; die erste, eine Zeichnung, soll 1829 in Kassel im Hause seiner Schwester Lotte, verheiratet mit dem kurhessischen Minister H. D. Hassenpflug, entstanden sein. Ähnlich wie die Zeichnung zeigen auch die 1830 in Kassel entstandene Radierung und die Aquarellskizze von 1835 das damals im Hessischen und anderen, vom Protestantismus geprägten Landschaften anzutreffende so genannte Paradiesgärtlein. Das Paradiesgärtlein scheint die lutherische Antwort auf die katholische Weihnachtskrippe zu sein. Der Christbaumständer ist von einem niederen Lattenzaun umgeben und in der Mitte befand sich – auf Moos gebettet – eine bunte Schar heimischer und exotischer Tiere, oft von Figuren, die Adam und Eva darstellen sollten, flankiert. Später wohl wurde der Sinngehalt verändert und die Tiere erinnerten mehr an einen Bauernhof oder eine Schäferei, wobei oftmals auch kleine Häuser aufgestellt wurden, die beleuchtet werden konnten, weil die Fenster mit Transparentpapier beklebt waren. Wenig später als diese Bilder dürfte das Lied „Der Christbaum ist der schönste Baum" entstanden sein, dessen Dichter Johannes Karl als Pfarrer in Hanau wirkte und der 1887 in der Nähe von Frankfurt starb. Von dem Schöpfer der Melodie des früher viel gesungenen Liedes, G. Eisenbath, ist nur bekannt, dass er um 1840 gelebt hat. Vielleicht bezieht sich die Zeile „Im Gärtchen klein, im engsten Raum, wie lieblich blüht der Wunderbaum" ebenfalls auf das Paradiesgärtlein. Ein Paradiesgärtlein oder ein Weihnachtsgärtchen, wie diese Art von Christbaumständer späterhin in Hessen genannt wurde, ist auch auf einer schlichten Zeichnung der Landgräfin Elizabeth von Hessen-Homburg (1770–1840) zu sehen. „Der Weihnachten", so hat sie die Zeichnung betitelt. Der kleine grammatische Schnitzer ist wohl in ihrer englischen Herkunft begründet. Nach A. Tilles „Die Geschichte der Weihnacht" ist der Weihnachtsbaum seit mindestens 1810 in Hanau üblich. Wegbereiter waren nach dem Wiener Kongress die Preußen vermittels der zahlreichen Grenzverschiebungen der deutschen Staaten. Um diese Zeit bürgert sich auch der Name Christ- oder Weihnachtsbaum ein. Gleichwohl hält er seinen Einzug in rein katholischen Gegenden, auf dem Lande und in den weniger bemittelten Bevölkerungsschichten als Baum bei der häuslichen Feier sehr viel später, zum Teil erst ein Jahrhundert.

Einen sicher auch damals in Hessen nicht alltäglichen Tannenbaum beschreibt uns Lucia Schneider in ihren Jugenderinnerungen. Bei ihren Eltern in Frankfurt wohnte in seinen beiden letzten Lebensjahren 1859/60 Schopenhauer. „Nun kam Weihnachten", schreibt sie, „wir wurden überreich beschenkt. Den anderen Tag ging ich hinunter, wollte Schopenhauer meine Puppen zeigen und sehen, was ihm das Christkind beschert habe. Er saß an seinem Schreibtisch wie immer und schrieb. Ich schaute mich im Zimmer um, keine Spur von Weihnachten. Da nahm er mich an der Hand und führte mich in der Haushälterin Zimmer. Dort stand ein ganz kleines Bäumchen auf dem Tisch am Fenster, daran hingen nur Frankfurter Bratwürstchen, und sein Pudel Atma saß davor und blinzelte sie schmunzelnd an. Nun riß sein Herr eine ab, warf sie in die Luft, und schwapp! hatte Atma sie gefangen, und so bekam er alle Tage eine."

Auch der Tannenbaum aus der Kindheit von Georg Friedrich Knapp, dem Vater von Elly Heuß-Knapp, 1842 in Gießen geboren, dürfte eine Besonderheit gewesen sein. „An einem Weihnachtsabend strahlte an der Spitze des Christbaumes eine fünffache Flamme. In der Ecke stand ein kleiner Gasometer, von dem ein Schlauch hinauf führ-

Landgräfin Elizabeth v. Hessen-Homburg (1770–1840): „Der Weihnachten", Zeichnung, Museum Gotisches Haus Bad Homburg

te. Es war Gas. Nur chemische Eltern konnten damals eine solche Überraschung bieten, denn Gas war nur im Laboratorium zu haben", erinnert er sich.

Das mit den Unglücksfällen mit dem Weihnachtsbaum scheint wohl in jeder Familie zur Erzähltradition zu gehören. Denn Ottilie von Goethe, die Schwiegertochter von Johann Wolfgang von Goethe, die nach dem Tode des großen Dichters (1830) die Familientradition fortsetzte und namhaft Gäste zu sich zu Tische bat, konnte 1838 ein solches Missgeschick verbuchen, als der Engel am Zuckerbaum in hellen Flammen stand.

Der Weihnachtserzählung „O du fröhliche, o du selige, gnadenbringende Weihnachtszeit!" von Wilhelm Baur, geboren 1826 in Lindenfels im Odenwald, könnte man entnehmen, dass der Weihnachtsbaum um die Mitte des 19. Jahrhunderts auch in den Dörfern, zumindest den Pfarrhäusern seinen Einzug gehalten hatte. Der Anfang der Geschichte, abgedruckt 1861, vier Jahre bevor Baur Pfarrer in Hamburg wurde, in dem „Beiblatt der Fliegenden Blätter" aus dem Rauhen Hause vom Dezember lautete: „Es war am Abend des zweiten Weihnachtstages. Eine herrliche Winternacht lag auf dem Dorfe. Die Sterne leuchteten so freundlich, als wollten sie den Menschenkindern aus allen Enden der Erde den Weg zu dem Kindlein in der Krippe zeigen. Der Schnee, der auf den Dächern und in den Straßen, Höfen und Gärten lag, war wie ein reines Festgewand, in das sich das Dorf gekleidet hatte. Ein belebter Friede waltete in der Gemeinde. In den Häusern saßen die Eltern mit den Kindern fröhlich um den Tisch. Hie und da schien der Lichterglanz eines Weihnachtsbaumes durch die niedern Fenster. Es war wenig, was an den Bäumen hing; die Nachtfröste des Frühlings hatten die Freude an Nüssen und Äpfeln, die in den Häusern der Armen und Geringen die hauptsächlichen Weihnachtsgaben zu sein pflegen, zerstört, aber die Lichter brannten noch einmal, und um viele Bäume sangen fröhliche Kinderstimmen die schönsten Weihnachtslieder."

Heinrich Ruppel dagegen, 1866 in Neukirchen, Kreis Hünfeld, geboren, schreibt in seiner Weihnachtserinnerung: „Einen Christbaum mit Kerzen kannte man im Rhönbauernhaus noch nicht. Das hielten die Bergbauern in ihrer herben, wortkargen Art für Luxus, der nur vornehmen Leuten zukam, oder auch für Entweihung des heiligsten. Sie meinten, man dürfe um das Wunder der Heiligen Nacht kein solches Brimborium machen, sondern müsse es still bedenken und in sich hineinversenken." Als weihnachtlicher Lichterglanz wurden kleine, mit Rüböl gefüllte und einem Wolldocht versehene Wallnussschalen brennend als „leuchtende Schifflein" in Wasserbehältern in die Fensterbänke gestellt. Sieben bis acht vor einem Fenster leuchteten sie in die Schneenacht hinaus, schwärmt er, „noch schöner aber war es für den, der aus der Tiefe der Nacht ins Dorf kam und durch die Straße schritt, längs der diese Lichtlein brannten." Auch Heinrich Bertelmann, im gleichen Jahr geboren in Niedermeiser, einem abgelegenen Dörflein im Warmetal, erwähnt in seiner Weihnachtserinnerung lediglich den Tannenbaum in der Kirche. Desto ausführlicher beschreibt er den Besuch des Christkindleins in der Vorweihnachtszeit, wie er früher in Hessen teilweise üblich war, und die Weihnachtsbescherung durch das Christkind, von der es hinterher vereinfacht dann hieß „sein Christkind bekommen haben".

Auf den Dörfern scheint der Weihnachtsbaum erst im letzten Drittel des 19. Jahrhunderts Aufnahme gefunden zu haben. 1860 wird vom ersten Weihnachtsbaum in der Rhön berichtet und etwa zur gleichen Zeit machte ein solcher „Christbaum" in dem kleinen Dorf Lautern im Odenwald Furore: Im Haus der „Krichbaume", einer der größten Bauern im Ort, stand ein Baum, den all die anderen Familien im Ort bewunderten. Das Bäumchen steckte in einer halbierten Rübe und war mit bunten Papierschnitzeln geschmückt. Das Öllicht stand daneben.

Prunkvoll wurde der Baum der kaiserlichen Familie in Berlin geschmückt. Der Kaiser selbst zeigte sich als treusorgender Familienvater und wurde seinen Offizieren zum Vorbild. Als sich Weihnachten 1870/71 deutsche und französische Soldaten in Schützengräben gegenüberlagen, ließen die Heerführer in allen Quartieren Lichterbäume errichten. Dieses Symbol des Weihnachtsfriedens sollte sie, fern der Heimat, mit dem Kaiser verbinden. Wie er waren sie stolz über die Siege. Erwachende nationale Gefühle verbanden sich mit dem Weihnachtsbaum, den die Soldaten aus dem ganzen Reich nach ihrer Rückkehr mit in ihre Familien brachten. Den siegreichen Feldzug spielerisch nachzuvollziehen, wurde Anliegen der Söhne:

„Trommel, Pfeife und Gewehr
ja, ein ganzes Kriegesheer
möchte ich gerne haben ...“

Diese Gegenstände wurden als Spielzeug oder Miniaturschmuck an den Weihnachtsbaum gehängt und durch eine nationale Flagge an der Spitze gekrönt. Der nationale Gegensatz zwischen Preußen und Franzosen kam bereits 1813 zum Ausdruck, als deutsche freiwillige Jäger am Rhein ihren Weihnachtsbaum schmückten. Kein Wunder, dass das französische Volk nach den verlorenen Kriegen lange den deutschen Weihnachtsbaum ablehnte.

Fest steht jedoch, dass von Deutschland (und unser Hessenland spielt hier eine nicht unbedeutende Rolle) der Weihnachtsbaum in andere europäische Länder und auch nach Übersee vordrang.

Der berühmte Maler R. von Alt erzählt in seinen Erinnerungen ganz reizend, wie sein aus Frankfurt a. M. stammender Vater (1780–1872) zum ersten Mal in Wien einen Weihnachtsbaum 1817 angezündet habe, „und wenn ich noch so alt werde, ich werde nie an diesen Weihnachtsbaum vergessen ... Und dann entsinne ich mich auch der verdutzten Gesichter meiner kleinen winzigen Freundchen und noch kleineren Freundinnen, als ich ihnen er-

Karl Becker: Weihnachten im Felde vor Paris 1870/71
(aus: Zur guten Stunde 1896)

zählte, was Neues mein Vater aus Frankfurt heimbrachte ... und nicht früher als bis ich sie hinaufgeführt zu dem Baum, beruhigten (sie) sich ... Und dieser Weihnachtsbaum, dieser Frankfurter Weihnachtsbaum gehört zu meinen denkwürdigsten Weihnachtserinnerungen." In Wiener Hofkreisen führte den ersten Weihnachtsbaum Erzherzogin Henriette, geborene Prinzessin von Nassau-Weilburg ein, bei ihr lernte ihr Schwager, der Kaiser Franz I., die hübsche Sitte kennen und nahm sie an. Wir sehen ihn auf einem Bild von 1827 vor einem herrlich geschmückten Christbaum. Etwas später ist auch eine Einführung aus Darmstadt durch den späteren Geheimrat Freiherrn L. M. von Biegeleben (1813–1872) bezeugt. Dieser hervorragende Staatsmann war die Seele der auswärtigen Politik des Reichsverwesers. Durch deutsche Mitglieder wurde der „liebe Festzeuge aus dem winterlichen Wald" an fast alle europäischen Höfe eingeführt, in London und St. Petersburg, in Paris durch die Herzogin Helene von Orleans, einer geborenen Prinzess von Mecklenburg-Schwerin 1837, in Rom durch Königin Margherita. In Rom feierte der Dichter Andersen 1833 die Weihnacht. „Unser Weihnachtsbaum“, erzählt er im „Märchen meines Lebens“ (Werke, übers. v. Jonas, IV, 139), „war ein großer Orangenbaum mit daranhängenden Früchten u. a.“ 1864 half sich der deutsche Künstlerverein in Rom mit Lorbeerzweigen. Der preußische Gesandte Graf Friedrich zu Eulenburg schrieb 1860 aus Yeddo: „Keine Nation außer uns kennt dies hübsche Institut, auch Engländer ... machen die Sachen ... mit Plumpudding und Rostbeef ab.“ Am japanischen Hof führte ihn dann der als Zeremonienmeister berufene Freiherr von Richthofen ein. So hat unser deutscher Weihnachtsbaum die Welt erobert. Über zwei deutsche Weihnachtsbäume in Kairo, deren einer eine Schwarzföhre aus Triest war, berichtet unser Landsmann Wilhelm Hamm (Ges. U. Schriften I, 72). Von ihm rührt auch ein reizendes Weihnachtsgedicht her, von dem wir 2 Verse als Abschluss hierher setzen wollen:

Ein Duft erfüllt das Haus
Von Wachs und Tannenbaum,
Es wandeln ein und aus
Die Kinder wie im Traum

Bezwungne Sehnsucht blickt
Zum Schlüsselloch der Tür;
Der Kühnste selbst erschrickt
Das Märchen lugt herfür.

Der Schmuck des Weihnachtsbaumes indes verändert sich im Laufe der Zeit immer wieder: er wurde dem jeweiligen Zeitgeist angepasst. So wird aus den kleinen Odenwaldgemeinden Hüttenthal und Airlenbach für die Zeit um 1870 belegt, dass der Weihnachtsbaum mit Stroh umwickelt und mit Strohquasten verziert war. Zwei ebenfalls aus Stroh gefertigte Puppen, die offensichtlich Adam und Eva darstel-

Ludwig Emil Grimm (1790–1863): Christabend, Zeichnung 1829

len sollten, standen davor. Gelegentlich kommt im Odenwald auch noch die alte Bezeichnung „Buchsbaum“ vor, was darauf deutet, dass der ehemalige Weihnachtsbaum aus dem immergrünen Buchsbaum bestand, eine Adaption auf den Fichten- oder Tannenbaum, der bekanntlich ein immergrünes Kleid besitzt. Der Begriff „Zuckerbaum“ (mdartl. „Zockerbaom“) deutet auf den Schmuck mit essbaren Süßigkeiten hin, wie er in der ersten Hälfte des 19. Jahrhunderts vielfach üblich war. Der Name „Haselbaum“ wiederum deutet auf den Schmuck mit Haselnüssen hin, den man in der Dill-Region als „Nissebaam“ be-

zeichnete, wie dem nachfolgenden Beitrag zu entnehmen ist.

Die Gründerjahre gegen Ende des 19. Jahrhunderts bescherten die bunten Glaskugeln, die im Thüringer Wald hergestellt und über die Weihnachtsmärkte vertrieben wurden. Zu Beginn des 20. Jahrhunderts gab es im Rhein-Main-Gebiet eine saisonale Hausindustrie, wo die aus Thüringen bezogenen Glaskugeln mit leonischen Drähten umsponnen wurden. Die Christbaumspitze, die an eine preußische Pickelhaube erinnert, kam ebenfalls in dieser Epoche auf, wo die Spitzen das kaiserlichen Zwirbelbartes ebenfalls stolz aufrecht ragten, was die Zeitgenossen mit der Bemerkung „Es ist erreicht“ kommentierten! Können

Sie, geneigter Leser, mir folgen, wenn ich die Christbaumspitze mit des Kaisers Bart in Verbindung bringe? Aber über des Kaisers Bart soll man bekanntlich ja nicht streiten! Not macht erfinderisch: Schlicht und einfach und mit Ersatzstoffen geziert, waren die Weihnachtsbäume im Ersten und Zweiten Weltkrieg, während im sog. Tausendjährigen Reich das Weihnachtsfest arisiert wurde („Nacht der hohen Sterne") und auch der Baumschmuck „germanisch-mythologisch" verändert wurde.

Nach dem Zweiten Weltkrieg und seinen verheerenden Folgen musste man sich mit dem Baumschmuck begnügen, der über Bombardierung, Vertreibung und andere existentielle Probleme hinweg gerettet worden war. Die fünfziger Jahre mit dem einsetzenden Wirtschaftswunder setzten wieder auf prächtig geschmückte Weihnachtsbäume. Es wurde auch in den kleinbürgerlichen Familien Mode, den Baum zimmerhoch zu wählen und den Baumschmuck Ton in Ton zu halten. Somit wurde immer wieder neu anzuschaffender Vorrat an Kugeln notwendig, weil sich ja auch die Modefarben von Jahr zu Jahr änderten. Diese Tradition wurde gelegentlich unterbrochen, als im Bildungsbürgertum der Baumschmuck aus Strohsternen aufkam. Verbunden mit Strohpferdchen entstand eine kunsthandwerklich-schwedische Komponente, die wiederum nach einigen Jahren aufgegeben wurde. Man kehrte zu den Kugeln zurück und die Modefarbe Lila dominierte den Weihnachtsbaum. Mit der Farbe Schwarz war dann Ende der 80er Jahre ein peinlicher Ausrutscher zu verzeichnen, als modebewusste Designer ihre Bäume mit schwarzen Kugeln und schwarzen Kerzen schmückten. Von da an war der Weg zum Futurismus geebnet. Heute sind wir in der Lage, alle nur möglichen Schmuckformen zu verwenden, und es scheint, die Maxime „je bunter je lieber" würde fröhlich Urständ feiern, und gelegentlich sind auch wieder die Strohsterne im Vormarsch.

Gerd J. Grein

Der „Nissebaam" im Dillkreis

Vor rund 100 Jahren ist der Weihnachtsbaum in den Dillkreis eingezogen. Um 1855 brachte ihn die junge Frau Elisabeth Conrad, geb. Holler von Mecklenburg bei Herborn, mit der Kunst des Plätzchenbackens nach Offenbach an der Aar. Und um 1870 hatte er wohl das allereinsamste Dorf im Westerwald und im Haubergsland erreicht.

Genau besehen handelt es sich allerdings dabei um eine Wiedereinführung. In den „Dillenburgischen Intelligenz-Nachrichten" vom 23. Dezember 1786 steht nämlich zu lesen:

Forstsachen
Da die fast durchgängig herrschende Gewohnheit, den Kindern zu Weyhnachten grüne Bäume aufzuputzen, wozu meistentheils die Kronen der jungen Fichten und Kiefern abgebrochen werden, den Nadelholzwaldungen sehr nachteilig ist; So wird der Gebrauch solcher Bäume hierdurch bey einem halben Gulden Strafe untersagt, und den sämmtliche Fürstl. Beamten aufgegeben, dieses Verbot den Amtsortschaften fordersamts bekannt machen zu lassen.
Dillenburg, den 9ten Dec. 1786
Fürstl. Rentkammer hierselbst.
Dapping.

Das „Weisthum der Gesetze, Ordnungen und Vorschriften", welche in die Nassauische Teutsche Länder, Ottoischer Linie, von den ältesten Zeiten bis hierhin ergangen sind (Hadamar 1803), verzeichnet diese Verordnung einmal unter dem Stichwort „Christbäume" und ein andermal bezeichnenderweise unter „Maybaum". Wie dem auch sei, es kann als sicher angenommen werden, dass diese aufgeputzten Bäumchen keine Weihnachtsbäume in unserem Sinn waren. Vor allem müssen ihnen die Lichter gefehlt haben. Den Beweis dafür liefern die umfänglichen Feuerschutz-Vorschriften der Dillenburger Regierung. Sie regeln bis in die lächerlichsten Kleinigkeiten den Umgang mit Flamme und Licht, verbieten z. B. gerade in jenen Jahren immer wieder das Neujahrsschießen wegen der damit verbundenen Feuersgefahr, erwähnen aber mit keinem Wort die noch ungleich gefährlicheren Lichter am Weihnachtsbaum. So scheint denn dieser geschmückte Christbaum im Dillkreis um 1800 aus der Mode gekommen zu sein, wobei sicherlich die landesherrlichen Verbote ein wenig nachgeholfen haben mögen.

Die „Wiedereinführung" des Weihnachtsbaumes um 1860 muss denn auch geradezu als „Neueinführung" empfunden worden sein. Noch viele Alte, die das in ihrer Jugend miterlebt hatten, berichteten davon und man spürte das frohe Erstaunen, mit dem der Lichterbaum bei seinem raschen Siegeszug in unseren Dörfern begrüßt wurde. Vielleicht haben sich damals noch Leute seines „dunklen" Vorgängers erinnert. Darum nahm man anfangs nicht nur Fichten, sondern auch Kiefern, ja sogar Wachholdersträuche, wie uns aus Arborn berichtet wird. Aber Lichter mussten sein! Oft waren sie bei der Armut vieler unserer Groß- und Urgroßeltern gar bescheiden. Man nahm Pechspäne und klemmte sie an die Zweige, füllte – auf dem Westerwald – halbe Walnussschalen mit dem „Lichtfett" genannten Öl und brachte es mit einem Docht zum Leuchten, hing wohl auch ein einfaches Gläschen mit Öl und Docht in die Zweige. Ich selbst habe um 1910 noch in der „Obersten Mühle" zu Haiger einen Weihnachtsbaum brennen sehen, an dem ölgefüllte Tintenfässchen die teuren Kerzen ersetzten. Man kannte aber auch Lichter an Messingstangen, die in den Stamm des Weihnachtsbaumes eingebohrt wurden. Auf jeden Fall: der „neue" Weihnachtsbaum strahlte im Lichterglanz!

Und dann war da noch etwas, womit der strahlende Baum die Herzen unserer Heimatmenschen eroberte. Er kam mit einem neuen Schmuck und einem diesem angepassten neuen Namen! Den hat er sich sogar in etlichen Dörfern des Dillkreises bewahrt. Heute noch heißt er –

„Nissebaam". Es darf angenommen werden, dass „Nissebaam" einmal ganz allgemein die Bezeichnung für den Weihnachtsbaum im Dillkreis war. Heute wird es wohl kaum noch jemanden geben, der einen „Nissebaam" vorschriftsmäßig aufputzen kann. Das wollte nämlich wohl verstanden sein. Sehr viele Haselnüsse – meist in der „Nissehecke" selbst gesucht – und weniger, fast immer gekaufte Walnüsse wurden auf die Enden der kleinen Zweige „gehorzt", mit Harz oder Siegellack angeklebt und dann vergoldet. Dazu nahm man von Rechts wegen nur das verhältnismäßig billige Schaumgold, das aber allein den erwünschten Goldglanz brachte. Jede einzelne Nuss wurde damit eingehüllt. Später gebrauchte man Goldbronze; aber damit fing schon die Auflösung des „Nissebaam"-Schmückens an. Jeder setzte seine Ehre darein, so viele Nüsse auf sein Bäumchen zu bekommen, dass sich die Äste unter der goldenen Last bogen. Geschickte Männer verstanden es, die Nüsse auch ohne Harz oder Siegellack an den Zweigen zu befestigen. Sie legten die Nüsse eine gewisse Zeit in Wasser und ließen sie ein wenig quellen, nahmen dann eine kleine, selbstgebastelte hölzerne Zange und drückten die Nuss von der Seite her, worauf sie an der Spitze etwas klaffte. Mit diesem Spalt wurde jede Nuss an einem Ästchen festgeklemmt. Die Spitzen der Äste trugen je eine Walnuss, die vielen Seitenästchen aber Haselnüsse. Das war eine Geduldsarbeit und das Vergolden auch. Die Männer saßen oft mehrere Abende dabei, besuchten sich auch gegenseitig, um zu sehen, wer wohl den schönsten „Nissebaam" hätte. Wenn dann in der Frühe des ersten Weihnachtstages – damals wurde bei uns nicht am Heiligen Abend „beschert" – die Lichter brannten, lohnte vielhundertfach sich brechender Schein alle Mühe und Sorgfalt.

Solch ein „Nissebaam" galt noch vor dem Ersten Weltkrieg vielerorts als der schönste Weihnachtsbaum, gegen den die mit Glaskugeln und „Engelshaar" aufgeputzten nicht aufkommen konnten. Er stand ja auch in einem „Gaardche". Jeder junge Hausvater setzte seine Ehre dar-

Ludwig Emil Grimm, Zeichnung, 1832: „Doch wo arme Leute weinen, lass Dein Licht am hellsten Scheinen“

ein, eigenhändig ein kräftiges Brett quadratisch zu schneiden und mit einem kleinen, sauber geschnitzten Lattenzaun zu umgeben. Dieses Gärtchen wurde grün gestrichen und umhegte dann viele Jahre den allweihnachtlichen „Nissebaam“. Und manches Gärtchen ist sogar heute noch dabei, obwohl der goldene Nüssebaum längst seinen neuzeitlichen Nachfahren Platz gemacht hat.

Karl Löber

Ein Hesse bringt Amerika den Weihnachtsbaum

Der heimwehkranke Schneidergeselle August Irmgard aus Wetzlar soll im vorigen Jahrhundert in Wooster/Ohio den ersten Weihnachtsbaum in ganz Amerika aufgestellt haben. Wooster nennt sich stolz „Home of the first Christmas Tree“ und brachte zum hundertjährigen Jubiläum jenes auf 1847 datierten Ereignisses einen Porzellanteller heraus, der weite Verbreitung fand. Deutscherseits wird heute von der „Weihnachtsbaum-Legende von Wooster“ gesprochen. Ihr wahrer Kern ist, dass es deutsche Auswanderer waren, die den Brauch des Weihnachtsbaumes in Amerika verbreiteten.

Was besagen im Einzelnen die Bilder auf dem in Amerika weit verbreiteten Weihnachts-Wandteller? Sie sind keine Phantasieprodukte eines einfallsreichen Porzellanmalers, den Darstellungen liegt eine wahre Geschichte, eine in Ohio noch heute umgehende Legende zugrunde, die vor einiger Zeit auch eine amerikanische illustrierte Zeitschrift, die Cleveland-Ausgabe des „Pictorial Magazine", veröffentlichte. Wir wollen sie hier, ergänzt durch in Wetzlar ermittelte Fakten, mit unseren Worten nacherzählen:

Es war einmal ein Wetzlarer Bub, der lebte recht und schlecht in seines Vaters Haus am Kornmarkt und erlernte in diesem von seinem Vater, einem Schneidermeister, nach allen Regeln der Kunst das Schneiderhandwerk. Als der Schneidergeselle 21 Jahre alt war und sich ihm in der kleinen Stadt wenig Aussicht auf ein gutes Fortkommen bot, suchte er dem dürftigen Dasein, wie vor ihm schon sein Bruder, durch die Auswanderung zu entrinnen. Ein Segler brachte ihn über das große Wasser, und nach einiger Zeit hatte er das Städtlein Wooster, in dem nach dem großen Mississippi-Nebenfluss benannten Staat Ohio, erreicht, wo Bruder Fred schon als Schneider wohnte und wirkte.

Nun saß August Irmgard in dieser fremden Stadt mit ihrer fremden Luft und Landschaft, mit ihren ihm größtenteils fremden Menschen und trauerte auf seinem Schneidertisch dem Fest der Feste entgegen. Wie sollte es hier in dem kahlen und kalten Ohio werden? Er hat die ihn bedrückenden Tage und Stunden beschrieben: „Ach, niemand in Amerika hat einen Christbaum, hier gibt es keine Bescherung und solche Dinge, das liebt man hier nicht. Manche Leute gehen zwar in die Kirche, aber viele Kaufleute sind in ihren Läden, und die Gaststätten sind geöffnet. Weihnachten ist hier halt irgendein Tag und nicht wie zu Hause ..." August Irmgard hatte namenloses Heimweh nach den weißen Wäldern im Siebenmühlental und am Stoppelberg, nach der Weihnachtsstube über dem Kornmarktbrunnen.

In seinem Heimweh ließ er am Nachmittag eines Heiligen Abends Nadel und Faden liegen, stieg von seinem

Tisch, schlich sich weg aus der Stadt und wanderte zu einer Stelle hin, wo er jenseits eines rauschenden Baches eine kleine Rottannengruppe wusste. Er berichtet selber darüber: „Ich ging den ‚Apple Creek‘ entlang, und das Wasser des Baches war so hoch, dass ich, um zu den Tannen zu kommen, über einen umgefallenen Baumstamm steigen musste. Ich fällte einen schönen Baum, konnte mit ihm nicht wieder über den Stamm zurück. Also band ich die Tanne auf meinen Rücken und kroch auf allen Vieren über den Stamm ans andere Ufer.“

Es dämmerte bereits, als er nach Wooster heimkehrte. Die Menschen auf der Straße sahen verwundert hinter ihm her, dem jungen Mann mit der großen Tanne auf seinem Rücken. Er brachte sie in seines Bruders Haus und hatte bald für sie einen festen Fuß gezimmert. Ein in der Nachbarschaft wohnender Schmied musste ihm für die Spitze des Baumes einen schönen Stern aus blankem Zinnblech schneiden. Inzwischen hatten Bruder Freds Frau Katherin, auch eine Wetzlarerin, und deren junge Schwester Jeanette aus weißem Papier eine Girlande ausgeschnitten und zur Zierde der Zweige aus süßem Teig ein paar Figuren gebacken. Nun wurden die Kerzen befestigt.

Und am Abend erstrahlte dann der Baum wie ein Märchen, voll Entzücken angestaunt von Bruder Freds Bübchen Frances und Albert. Aber auch von den Nachbarn, die in Scharen herbeigeströmt waren. Sie fanden soviel Wohlgefallen, dass sie zum nächsten Weihnachtsfest ebenfalls eine Tanne in ihre Stube stellten und sie mit Kerzen versahen. Im übernächsten Jahr gab es in ganz Wooster kaum noch ein Haus, in welchem der Weihnachtsbaum fehlte. Schon aber war die Kunde von dem Baum über die Grenzen der Stadt hinausgedrungen, und bald hatte sie sich über das ganze Land verbreitet, von dem sie ihren Lauf nahm durch die Nachbarstaaten: durch Indiana und Pennsylvanien, durch Kentucky bis hinauf zu den großen Seen. Das Wunder des Weihnachtsbaumes pflanzte sich in den Vereinigten Staaten fort wie ein Wunder. Ausgangspunkt aber war Wetzlar und ein Haus am Kornmarkt, aus dem ein junger Mann auszog und Amerika den Weihnachtsbaum bescherte.

Den ersten Christbaum in einer amerikanischen Kirche gab es Anfang der 50er Jahre des vorigen Jahrhunderts in Cleveland. Der aus Deutschland stammende Pfarrer Henrik G. Schwan hat ihn dort aufgestellt, ungeachtet des Widerspruchs zahlreicher aus England eingewanderter pietistischer Cleveländer, die darin einen heidnischen Brauch erblickten. Bald aber beugten auch sie sich seinem Zauber.

August Irmgard ist 1904 in hohem Alter gestorben, als ein begüterter Mann, der sich in Wooster ein stattliches Haus hatte bauen lassen. Den großen Garten, der das Haus umgab, bepflanzte er mit Tannen, er lieferte ihm bis zu seinem Tode alljährlich die Weihnachtsbäume.

Peter Assion

Engelshaar

In dem kleinen Städtchen Höchst im Odenwald betrieben noch in den 50er Jahren zwei ledige Schwestern gemeinsam ein Geschäft für Haushalt- und Schreibwaren. Die kommunikativere von beiden stand im Laden und bediente die Kunden, während die etwas verschlossenere für die Lagerhaltung zuständig war. Dieses Lager befand sich gleich neben dem Verkaufsraum und war von diesem nur mit einem Vorhang abgetrennt.

In der Vorweihnachtszeit verlangte einmal ein Kunde nach Engelshaar für den Baumschmuck. Da im Verkaufsraum keines vorrätig war, rief die Verkäuferin ihrer Schwester hinter dem Vorhang zu: „Host Du hinne Engelshoor?“, worauf die Antwort kam: „Wann Du vorne kaa Engelshoor host, dann habb ich hinne aach kaans.“

Der Dienstweihnachtsbaum

Solche Anfragen gehören zu Bonn wie die im Bundesgesetzblatt verankerte Definition eines „Dienstweihnachtsbaums“: „Dienstweihnachtsbäume (Dwbm) sind Weihnachtsbäume natürlichen Ursprungs oder natürlichen Bäumen nachgebildete Weihnachtsbäume, die zur Weihnachtszeit in Diensträumen aufgestellt werden. Das Personal hat darauf zu achten, daß der Baum in seinem unteren, der Spitze entgegengesetzten Ende, in einem zur Aufnahme von Baumenden geeigneten Halter angebracht wird und befestigt wird, und der Baum in der Haltervorrichtung derart verkeilt wird, daß er senkrecht steht.“

Platt auf dem Boden würde der Weihnachstbaum liegen, sollte er diese Dienstanweisung je zu Gesicht bekommen, die tatsächlich keinem Kabarettisten eingefallen ist, sondern hochbezahlten Beamten.

Der Christbaum.

„Der Christbaum ist der schönste Baum,
Den wir auf Erden kennen!“
Geputzt mit Gold- und Silberschaum,
Wenn hell die Kerzen brennen,
Macht er die Herzen froh und reich,
Denn Freude glänzt von jedem Zweig!

Drum sind die beiden Knaben auch
Froh in den Wald gegangen,
Dort sammelten sie Zweig und Strauch
Und stillten ihr Verlangen.
Ein Tannenbäumchen, grün und kraus,
Das bringen sie vergnügt nach Haus.

Karl Fröhlich.

Werbeanzeige von 1880

Der Chrißbaamständer

Wer immer uff seim Drehstuhl sitzt
Un iwwer Zahlereihe schwitzt,
Der lechzt als wie gehetztes Vieh
Nach ere Stund voll Poesie.
Doch so e Sehnsucht stillt zum Glick
Der Chrißbaamständer mit Mussik.
Dafor is kaa Geld zu schad,
Des is der rechte Apparat,
So ganz geschaffe fors Gemiet,
Wo merr was heert un aach was sieht.
Dem Schreiwer Kunz, dem fällts zwar schwer,
Doch Worscht, der Ständer, der muß her!
Er hat sich gleich aan aageschafft
Von allerstärkster Fedderkraft
Un der Verkäufer steht em gut
For dreißig Tourn in der Minut.
Mit Mussik; lääft er awwer leer,
Da leist er noch bedeutend mehr!

Bevor der heilige Awend kimmt,
Wird im Familierat bestimmt,
Daß erscht, wanns dreimal hätt geschellt,
Der Apparat wird losgestellt
Von auße mit rer lange Schnur,
Daß selbst der Vatter noch kaa Spur
Von dem Effekt voraus verpraßt,
Uff den die ganz Familie baßt.
Weil nor e zielbewußter Mann
Mit so Maschine umgeh kann,
Da ließ der Kunz heut kaans so schnell
Bis an sei Chrißbaumkarussell.
Sogar sei Fraa wird schließlich wild,
Weil er in aamfort „Owacht!" brillt,
Un da se net de Grund sieht ei,
Butzt er im Zorn de Baam allei.

Als er mit Äppel wohlbedacht
Die Äst gefiegig sich gemacht,
Da hat er streng ins Lot gericht
Die Kerze mit ihrm Bleigewicht.
Un dann kimmt erscht die ganze Last
Von Zeug druff, was der Baam nur faßt:
Vergolde Niss un bunt Konfekt
Un Dannezappe, gipsbedeckt,
un widder Äppel, klaa un groß,
Der Jonas un der Nickelos,
Kanarievegel, Schmetterling
Un Quittewerscht un goldne Ring
Un Stern un Kugele von Glas,
Lametta un Gott waaß noch was.
Was mer sich winscht im kiehnste Traam,
Des hängt er alles an de Baam.
Un an der Spitz, daß fliehn am Draht
Drei Engel in ihrm Sonntagsstaat.
Dicht unnern Baam da kimmt die Kripp,
Die Keenig hibb, die Herte dribb,
Die Schaf deils mit, deils ohne Fieß,
Dann rechts de Fraa ihr Teeservice,
Die Nählad un die Lockescheer,
Deß Briefbabier un sonst noch mehr.
Un links gruppiert er dann de Rest:
Sei Schlappe un sei weiße West
Un, weil der Platz dafor zu groß,
Dem Mädche noch sei Barchenthos;
Un uff die Stiehl dann vor dem Disch
Die Boppestubb un Boppekich,
De Hiehnerhof, de Pferdestall
Un noch die Bleisoldate all.
Wie er des alles hat geschafft,
Da zieht er noch mit Manneskraft
Die Fedder uff, bis daß er denkt:
Jetzt langts, sonst wird se abgesprengt.
Dann quetscht er sich der Dier enaus,
Daß ja kaa Lichtstrahl dringt eraus,

Schellt dreimal un gibt mit der Schnur
Dem Baam Signal zur erschte Tour.
Die Kinner in ihrm Glicksgefiehl,
Die hippe schon uff ihre Stiehl,
Doch hält er sie gewaltsam fest,
Bis se ihr Lied erausgepreßt,
Un obs en aach des Herz versprengt,
Es wird en heut kaan Vers geschenkt.
Doch wie der letzte Ton verstummt,
Da duhts, wie wann e Schmeißmick summt;
Es bumbert, klappert aach dabai,
De Mutter werds schon zwaaerlei
Un ängstlich pischbelt schon der Groß:
„Ei kimmt dann aach de Nickelos?"
Der Kunz is selbst schon halb versteert,
Weil er nix merr von de Mussik heert,
Doch rieft er schneidig: „Liesje, Jean!
Jetzt guckt euch die Bescherung aa!"
Un drickt dann uff zu gleicher Zeit
Die Gutstubbdiehr sperrangelweit.
Doch wie er selbst eneivisiert,
Da steht er wie vom Schlag geriehrt,
Dann, was er sieht im Lichterglanz,
Des is de reinste Hexedanz:
Der Baam, der schnorrt erum akrat
Als wie e richtig Feuerrad;
Die goldne Engel alle drei,
Die flitze grad nor so vorbei;
Der Nickelos, der jagt ganz quer,
Wie doll dem Jonas hinnerher;
Die Vegel flattern angst un bang;
Die Kerze flamme fingerlang;
Un wie Rakete mit Gebraus,
So fahrn uff alle Seite naus
Die Äppel, Niß un Bleigewicht;
Merr maant, es käm des jingst Gericht.
Die Fraa, die reißt entsetzt derr gleich
Die Kinner aus em Schußbereich;

Der Kunz, der stehnt noch: „Oh verflucht!"
Woruff er gleichfalls Deckung sucht.
Un dorch de Dierspalt guckt er scheel:
Da bockt em Melchior sei Kamel;
Es hat en Schuß von hinne krieht,
Daß es bis zu de Herte flieht.
Um bums! – da schlägt mit schwerem Knall
En Appel in de Pferdestall.
Der Kutscher in seim blaue Rock,
Erunner muß er von seim Bock
Un aach die neue blechern Chaise,
Die wird vermewelt bitterbees.
Padautz hat mitte uff em Disch
Ihrn Volltreffer die Boppekich;
Die Spaasau, die merr dort serviert,
Wird zu Atome demoliert.
Doch damit is noch lang net Schluß;
Im Hiehnerhof sitzt jetzt en Schuß,
Daß mancher Gockel, manche Ent
Entsetzt sich von ihrm Brettche trennt.
Weil kaans sich an en hie gedraut,
Da schießt der Baam noch mehr ins Kraut
Un schmeißt jetz ohne Ziel un Wahl
Die Wunnerkerze ins Lokal,
So daß dem Kunz sei Schlappepaar
Im Nu der reinste Krater war.
Wie des dem Kunz sei Mädche sieht,
Se pletzlich widder Lewe krieht;
Sie schlägt drei Kreuz, dann sterzt se los
Un rett noch knapp ihr Barchenthos.

Ferdinand Happ

„Wenn die Kinder artig sind,
kommt zu ihnen das Christkind ...“

Von der Weihnachtsbescherung

Christbescherung und Beschertes

Sobald am Tag von Heilig Abend die Dämmerung hereingebrochen ist und die ersten Kirchenglocken zu den Weihnachtsvespergottesdiensten rufen, beginnt in den Familien die so genannte Bescherung. Heute ist es der jeweiligen Familientradition überlassen, ob diese Bescherung vor oder nach dem Gottesdienst erfolgt. Gleichbleibend ist jedoch das Ritual des Entzündens der Kerzen am Weihnachtsbaum, des Absingens weihnachtlicher Lieder oder der Lesung der Weihnachtsgeschichte. Vor allen Dingen aber ist es der Zeitpunkt, wo die Kinder ihre Weihnachtsgeschenke überreicht bekommen und die Erwachsenen ihre Präsente untereinander austauschen.

Seit wann aber vollzieht sich diese Christbescherung in dieser Form? Die archivalischen Zeugnisse vergangener Jahrhunderte geben nur spärliche Auskunft darüber, und wenn wir welche heranziehen können, dann stammen die Berichte aus der adeligen Oberschicht. Zwei dieser Berichte aus Hessen stammen aus der Zeit des Dreißigjährigen Krieges. So fand ein rühriger Heimatforscher zu Beginn unseres Jahrhunderts in einem unbewohnten Flügel des Schlosses Eisenbach bei Lauterbach unter vielen von Mäusefraß und Moder angegriffenen Papieren ein rührendes Blatt. Es war einst eine Urkundenbeilage zu einer Rechnung. Auf der Rückseite trug es die Bemerkung: „10 fl. 5 behmisch 4 & hat Caspar Mey zu Fuldt (Fulda) vor underschiedtliche Cramerswaar, so das Chrstkindle beschert, ausgeben, auch den 20. und 21. decembr. mit 1 Pferdtt und Botten verzehrt.“

Die „adelich Dugent“, für die die Besorgungen gemacht worden, war wohl Sophie Eleonore, geborene von Krosikg: Ihr Gemahl, den der Rechner „Ihre Gestreng“ nennt, war Georg Riedesel zu Eisenbach, dort zu Eisenbach 1588 geboren. Sieben Kinder hatte das Paar aus dem althessischen Adelsgeschlecht, von denen zwei bereits früh starben. Aber die übrigen fünf haben ein fröhliches Christfest gefeiert und bekamen die Geschenke, nützliche Gaben und Spielsachen, die in der Rechnung des Caspar Mey erscheinen: „Was ich Endsbenämter einkauft hab vor Ihre Adeliche Dugend zu Fuldta zum heiligen Christfest den 21. Decembris 1631 für Ihre Gestreng Kinder, wie volgt:

6 Batzen für ein Schiff.
4 Batzen für ein Kutzschen.
2 Batzen für zwo Jungfern.
4 Batzen für zwei Nebpultergen (Nähtischchen?).
3 Batzen für zwei Schaff.
3 Batzen für ein Eichhorn und Hirsch.
8 Batzen für 2 Trombeten.
6 $^1/_2$ Batzen für eine Kutzchen in einer Schachtel.
1 fl. vor zwo Boppen.
1 fl. 4 $^1/_2$ Batzen für ein Silberlöffel.
$^1/_2$ fl. vor ein Silberfingerhut.
12 Batzen für 3 Par Messer.
1 fl. 10 Batzen für zwey gestrickte wullen Hembter.
3 Batzen für ein Schachtel.“

J. Amman: Mädchen mit Puppe, 16. Jahrhundert

Hinzu kamen in der Abrechnung die Reisekosten, die früher schon eine erkleckliche Summe der Gesamtrechnung ausmachten! So berechnet Caspar Mey „2 fl. 3 1/2 Batzen hab ich verzehrt beneben einem Botten und meim Pferd.“

Ein Jahr später (1632) fand eine Christkindbescherung im Schloss Lichtenberg im Odenwald statt, wo Landgraf Georg II. seine Kinder hin verbracht hatte, weil der Aufenthalt in dem durch ständige Truppendurchzüge, Übergriffe und Pest stark gebeutelten Darmstadt zu gefährlich geworden war. Hier trat nun das Christkind leibhaftig auf. Es wollte damals den kleinen, nicht ganz dreijährigen Prinzen Ludwig (den späteren Landgrafen Ludwig VI., dem Darmstadt das Glockenspiel verdankt) und dessen Schwesterchen besuchen, sich nach ihrer Frömmigkeit erkundigen und sie dann reich beschenken. Die ganze Veranstaltung ging von dem Hofmeister von Schrautenbach aus, dem damals die Erziehung der Kleinen oblag.

Über die Vorbereitungen zu dem „Uffzug des lieben Christkindleins“ schreibt Schrautenbach am 24. Dezember 1632 an Landgraf Georg II.: „Der elteste Printz erfrewet siech von Hertzen auf den heyligen Christ und weilen ich sehe, daß er so grosses Verlangen und Söhnung darzu hatt, habe ich den Anstalt gemacht, daß dießen Abentettwan eine Stundt in die Nacht etlieche verkleite Personen zu Pferdt und Fuß sambt einem sonderlich darzu gerichten Wagen, undt geführten Esel alhier im Hoff ufziehen werden. Darnach sollen etlieche in der fürstlichen Jungen Herschafft Gemach gehen, welches ich aber albereit mit der Kindtshoffmeisterin, undt Hoffmeisterin Briesin, Hoffprediger undt Medico abgeredt. Es sindt aber alle, so darzu gebraucht werden, Euer Fürstlichen Gnaden alhier anwesende Cammer- undt andere Diener undt theils mein Gesiendt, also daß nicht eine frembte Person darzu gebraucht würdt. Will hoffen, es werde dem eitern Printzen undt Freilein große Freude geben undt nach dißes Orts Gelegenheit wohlabgehen.“

Kind mit Klapper im Laufstuhl, Zeichnung nach einem Kupferstich von Zinkreff aus dem Jahre 1611

Letzteres traf auch ein. Am 27. Dezember 1632 konnte Schrautenbach berichten: „Es haben siech der elter Printz und Freulein über des Christkindtleins Uffzug gar hoch erfreuet, der Printz auch gar getrost gewesen undt fein gebett. Als aber nach solchem Gebeht das Christkindtlein den Printzen und Freulein in Euer Fürstlichen Gnaden Gemach geführet, alda das Zeug uff dreien underschiedenen Dischen gelegen, undt einem jeden einen Diesen gezeigt, ist der Printz über so vielen Sachen ganz bestürtzt gewesen undt nicht gewust, was er am ersten angreiffen soll, doch ist das Pferdt ahm liebsten gewest."

Wie es in den Weihnachtsstuben der Bürger zuging, welche Geschenke die Kinder bekamen, können wir aus den

Aufzeichnungen in den Rechnungsbüchern der Frankfurter Großbürger erahnen. Viele dieser minutiös genau geführten Journale haben sich erhalten und sind in den Beständen des umfangreichen Frankfurter Stadtarchivs zu finden.

Sieht man in den Rechnungsbüchern des 17. Jahrhunderts nach, so wird man vergeblich nach Ausgaben für Weihnachtsgeschenke suchen. Demgegenüber sind Geschenke zum Neuen Jahr verzeichnet. Es scheint ganz so, dass in den Bürgerfamilien der Schenktermin noch der Neujahrstag gewesen ist, wie dies in den bäuerlichen Schichten bis weit ins 19. Jahrhundert der Fall gewesen ist. In den Rechnungsbüchern der Familie Kaib zum Beispiel finden wir ab 1689 vom Herrn Gemahl am 1. 1. 1689 säuberlich verzeichnet: „Meiner Eheliebsten fl. 10.30, meinen lieben Kindern fl. 10.30“ und am 1. 1. 1689: „Meiner Liebsten zum neuen Jahr fl. 15.“ Ab 1692 führt die Hausfrau das Ausgabenbuch selbst (!), weswegen 1695 nur noch nüchtern verzeichnet ist: „meiner Frauen zum neuen Jahr fl. 12.“ Die Kinder, die ebenfalls jährlich zu diesem Termin mit Geschenken bedacht wurden, bekamen zusätzlich im April und September Geldgeschenke „zur Meß“.

In den Ausgabebüchern der Familie Uffenbach sind dann ab 1734 ausdrücklich Weihnachtsgeschenke für die Familienangehörigen verzeichnet, während die Dienstboten ihre Geschenke nach wie vor zu Neujahr bekamen („1. Jan. 1734, An die 5 Bediente in specie fl. 5.7 $^1/_2$“). Auch die Nikolausgeschenke sind hier schon üblich gewesen:

„1734,	Nov. 20. – 4 Ellen Cotton zu 2 Schürzen vor das liebe Christina Sibillgen zum Nicolose-Bescher a 6 bz.	fl. 1.36
	Dez. 6. dem lieben Johann Henrich zum Nicolose-Bescher	-.30
	Dez. 14. 6 Poppen und einen Thron	4.40
	Dez. 14. eine große Popp, so man aus- und ankleiden kann	2.–
	Dez. 23. meiner lieben Frau zum Christkindgen	15.--

1736 werden „2 Salzburger Poppen“ und weitere „Christkindges-Sachen“ verzeichnet.

Die Mägde, die offensichtlich eine engere Beziehung zur Familie hatten, bekamen ebenfalls ihre Aufmerksamkeiten zu Weihnachten (1736 „Denen 2 Mägd zum Christkindgen“).

Die Aufzeichnungen in den Rechnungsbüchern der honorigen Familien des Frankfurter Patriziats geben jedoch nur bruchstückhafte Hinweise auf die Weihnachts- und Kindergeschenke der genannten Epoche. Wir müssen davon ausgehen, dass ja nur die Neuankäufe verzeichnet sind. Viele der dauerhaften Spielobjekte wurden innerhalb der Familien mehrfach verschenkt und vererbt. In diesen Bereich sind die großen Puppenhäuser zu rechnen, von denen das heute noch erhaltene der Familie Gontard ein beredtes Zeugnis ablegt. Es wurde um 1745 der aus der Offenbacher Handelsherrenfamilie d'Orville stammenden Susanna Maria d'Orville geschenkt, die es 1752 mit in die Ehe brachte, als sie den ältesten Sohn des wohlhabenden Frankfurter Handelsmannes Jakob Friedrich Gontard heiratete. In ihrem „trousseau“ befand sich das kostbare Puppenhaus und wurde innerhalb der Familie von Generation zu Generation weitervererbt, bis es 1879 dem Historischen Museum in Frankfurt gestiftet wurde und seit der Zeit zum Lieblingsobjekt der großen und kleinen Museumsbesucher wurde.

Christa von der Marwitz, eine der besten Kennerinnen der Frankfurter Art, hat erst neuerdings den kultur- und familiengeschichtlichen Hintergrund des Gontardschen Puppenhauses aufgerollt.

Susanne Marias Cousine Agathe d'Orville, die Tochter des Offenbacher Bürgermeisters Peter d'Orville, erhielt ebenfalls ein großes, vierstöckiges Puppenhaus, welches von dem holländischen Handelsmann Baron van Amerongen 1758 zum Geschenk gemacht wurde. Es ist ganz zweifelsfrei holländisch ausstaffiert und im Stile des Rokoko gehalten. In Holland sind übrigens auch alle Vorläufer der bei uns bekannten Puppenhäuser dieser Epoche zu suchen.

Das Puppenhaus von H. Käfer, Sammlung Gustav Freytag, Frankfurt, Stadtbibliothek

Sie waren seinerzeit in Frankfurt und anderen Städten keine Seltenheit, denn in einer Verkaufsanzeige in den „Frankfurter Frag- und Anzeigen-Nachrichten“ des Jahres 1746 wird ein „großer Poppenschrank mit 8 Zimmern“ angeboten.

Diese Spielobjekte wurde alljährlich neu aus den Magazinen und Abstellräumen geholt, aufgefrischt, ergänzt und zur Freude der Kinder neu präsentiert. So berichtet es auch Johann Wolfgang von Goethe in seinem schon erwähnten Roman „Die Leiden des jungen Werther“, wenn er über die Weihnachtsvorbereitungen von Lotte schreibt:

„An demselben Tag, es war Sonntag vor Weihnachten, kam er Abends zu Lotten und fand sie allein. Sie beschäftigte sich, einige Spielwerke in Ordnung zu bringen, die sie ihren kleinen Geschwistern zum Christgeschenk zurecht gemacht hatte. Er rede von dem Vergnügen, das die Kleinen haben würden …"

Die nächste Schilderung aristokratischer Bescherbräuche stammt aus Lich, der mittelhessischen Residenz der Solmser Grafen. „Um vier Uhr war ich wieder zu Hause, um den Kindern ihre We[ih]nachts Bescherung in meinem Cabinett zu geben", schreibt Fürstin Henriette zu Solms-Hohensolms-Lich am 24. 12. 1808 in ihr Tagebuch, in dem sie sich in der Hauptsache Rechenschaft über die Erziehung ihrer vier Söhne gibt. Fürstin Henriette war eine Tochter des Grafen zu Bentheim-Steinfurt und hatte sich mit 25 Jahren mit dem damals 40-jährigen Fürsten August zu Solms-Hohensolms-Lich, dem Sohn des Grafen Carl Christian, vermählt, der im Jahre 1792 in den Reichsfürstenstand erhoben worden war.

Über die eigentliche Weihnachtsbescherung finden wir in dem Buche Folgendes verzeichnet: „Ein Bogen von Tannenholz stand unter der Tür, mit Lichtern beleuchtet. In der Mitte ein Tisch mit dem frisch angestrichenen Marstall, mit sechs kleinen und zwei großen Rollpferden, die neu angestrichene Stadt, die ihnen ganz angenehm war, ein Farbkasten für Carl, zwei Uhren und kleine Esswaren an den Bäumen."

Diese Bäume scheinen keine Tannenbäume gewesen zu sein, sondern Pyramiden aus Holz, wie sie am Berliner Hof üblich waren und wie sie die Fürstin wohl auch in ihrer norddeutschen Heimat kennen gelernt hatte. Auf diese Form des Weihnachtsschmuckes im fürstlichen Bescherzimmer deutet die Bemerkung hin, wenn die hohe Dame die Rückkehr von einem Besuch bei Hofleuten beschreibt: „… als sie wieder zurück waren, sehe ich – zum Glück noch früh genug –, dass ein Tannenbaum vom vorigen Jahr, der hinter dem Stall auf einem Tische stand, in Flammen aufging. Goes (Herr van der Goes, ein Freund des Hauses) löschte mit seinem Schnupftuch das Feuer aus, aber der Schrecken war groß." In der Familie van Goes wurde ebenfalls Weihnachten gefeiert und Fürstin Henriette berichtet darüber: „Die große Tür im blauen Zimmer war mit Zweigen dekoriert, in der Mitte stand auf einem Tisch ein Blumenstück von Mimis (Frau van der Goes) Arbeit, mit einem Rahmen, den Goes dazu gab, und noch von Mimi ein niedlicher Stickrahmen, alles hübsch beleuchtet. Von beiden Seiten zwei Bäume in diagonaler Richtung, mit Geschenken für alle Hausleute, die uns auf dem Fuße folgten, behangen. In der Mitte ein schönes Schaukelpferd, das, angestoßen, sich selbst zu bewegen schien, und davor ein Spieltisch mit Zuckerwerk für große und kleine Kinder. Außerdem zwei sehr hübsch gearbeitete Pferde von Crick (einem befreundeten Maler) für Carl und Louis, die, an die Serviette auf dem Tisch gesteckt, von diesem herabhingen. Die stille Freude der Brüder über ihr Pferd war demnach groß. Carl stieg mit Zuversicht, mit einem gewissen Gefühl, das in seinem ganzen Wesen herrschte, auf sein Pferd."

Von den Schlössern und Adelshöfen scheinen die Bescherbräuche in die guten Stuben der Bürger Eingang gefunden zu haben, wie wir schon dem Goetheroman vom „Werther" entnehmen konnten. Der Weihnachtserzählung „O du fröhliche, o du selige, gnadenbringende Weihnachtszeit" von Wilhelm Baur, der 1826 in Lindenfels im Odenwald geboren wurde, können wir entnehmen, dass um die Mitte des 19. Jahrhunderts auch in den Dörfern, zumindest in den Pfarrhäusern und Lehrerwohnungen, ähnliche Familienfeiern Einzug gehalten haben.

Der Anfang der Geschichte, abgedruckt in dem „Beiblatt der Fliegenden Blätter" aus dem Rauhen Hause vom Dezember 1861, vier Jahre bevor Baur Pfarrer in Hamburg wurde, lautete: „Es war am Abend des zweiten Weihnachtstages. Eine herrliche Winternacht lag auf dem Dorfe. Die Sterne leuchteten so freundlich, als wollten sie den Menschenkindern aus allen Enden der Erde den Weg zu dem Kindlein in der Krippe zeigen. Der Schnee, der auf den

Heinrich Hoffmann (1809–1894):
Reinhold in der Weihnachtsstube

Dächern und in den Straßen, Höfen und Gärten lag, war wie ein reines Festgewand, in das sich das Dorf gekleidet hatte. Ein belebter Friede waltete in der Gemeinde. In den Häusern saßen die Eltern mit den Kindern fröhlich um den Tisch. Hie und da schien der Lichterglanz eines Weihnachtsbaumes durch die niedern Fenster. Es war wenig, was an den Bäumen hing; die Nachtfröste des Frühlings hatten die Freude an Nüssen und Äpfeln, die in den Häusern der Armen und Geringen die hauptsächlichen Weihnachtsgaben zu sein pflegen, zerstört, aber die Lichter brannten noch einmal, und um viele Bäume sangen fröhliche Kinderstimmen die schönsten Weihnachtslieder."

In der ersten Hälfte des 19. Jahrhunderts sind auch zwei Kinderbücher in Hessen entstanden, die als typische Weihnachtsgeschenke – nicht nur in Hessen – Verwendung fanden: Die Brüder Grimm legten 1812 ihre „Kinder- und Hausmärchen" Bettina von Arnim unter den Christbaum, einen schmalen Band auf schlechtem Papier und mangelhaft gedruckt, jedoch in hoffnungsvolles Grün gebunden und mit Goldschnitt versehen, auf dem Deckblatt eine Widmung für den kleinen Sohn Bettinas. Dieses Buch, von

Jubiläumsblatt zur 100. Auflage
der Frankfurter Ausgabe des Struwwelpeter

den Verfassern für Erwachsene gedacht, ist zum verbreitetsten Kinderbuch geworden, gefolgt von dem zweiten Geschenk, einem Buch, das der Frankfurter Arzt Heinrich Hoffmann zu Weihnachten 1844 seinem kleinen Sohn als selbst gefertigtes Bilderbuch auf den Gabentisch legte. Es war der „Struwwelpeter", der der Erzähltradition zufolge nur deshalb entstanden sein soll, weil der pädagogisch ambitionierte Vater auf dem Markt kein geeignetes Buch gefunden hatte, welches sich als Weihnachtsgeschenk geeignet hätte. Zunächst nur für den Familiengebrauch bestimmt, gelangte es 1845 in einen literarischen Zirkel der Stadt, wo es der Buchhändler Dr. Löning sah und es unverzüglich in der mit seinem Kompagnon J. Rütten gegründeten „Literarischen Anstalt" herausbrachte. „Lustige Geschichten und drollige Bilder mit 15 schön kolorierten Tafeln für Kinder von drei bis sechs Jahren" erschienen in einer Auflage von 1500 Stück und waren nach vier Wochen schon vergriffen. Neue Auflagen folgten, und schon 1848 erschien „The English Struwwelpeter, after the 6th edition of the celebrated German work".

Wie schnell das populäre Kinderbuch Einzug in alle Familien hielt, zeigt das Ölgemälde von Ludwig Rößler, die „Buderusschen Kinder unter dem Weihnachtsbaum" darstellend, wo als ganz selbstverständliche Weihnachtsgabe das aufgeschlagene Struwwelpeterbuch auf dem Gabentisch zu sehen ist. Das Bild entstand 1866 und befindet sich heute im Historischen Museum in Frankfurt am Main.

Zur 100. Auflage der Frankfurter Ausgabe des Struwwelpeter ist ein Jubiläumsblatt erschienen mit einem aus festlichem Anlass wider eigenen Willen „köstlich frisierten" Struwwelpeter. Ihm gratulieren außer der anonymen Jubelschar der Nikolaus, die drei bösen Buben, die zwei Katzen, der Hansguckindieluft und auch der König Nussknacker, Hauptfigur aus Hoffmanns zweitem Kinderbuch, welches 1851 erschienen war und dessen Gestalten Nürnberger Spielzeugmodellen nachgezeichnet sind.

Gerd J. Grein

Weihnachtsbescherung im Alt-Frankfurter Bürgerhaus

In Frankfurter Privatbesitz hat sich ein reizvolles Gemälde erhalten. Gemalt hat es im 19. Jahrhundert der so populäre Maler Carl Engel, der sich nach seiner Heimat „Carl Engel von der Rabenau“ nannte und sich in Rödelheim angesiedelt hatte. Das wundervolle Ölgemälde ist 1853 entstanden und zeigt die Kinder der Familie Bary-Gontard nach der Weihnachtsbescherung. Das „Frankfurt-Archiv“ berichtet hierüber:

Fröhliche Weihnachten bei den Enkeln von Hölderlins „Diotima“: Am Gabentisch mit dem Weihnachtsbaum spielen die drei jüngsten der insgesamt sieben Kinder der Altfrankfurter Familie de Bary-Gontard mit den Siebensachen, die das Christkind gebracht hat. Samuel Heinrich, der im Jahre 1853, als Carl Engel von der Rabenau das Geschwister-Trio malte, fünf Jahre alt war, führt männlich die Fahne mit dem Familienwappen vor. Es stammt aus Kreuzritterzeiten; die Fahne aber ist brandneu und hat Kinderformat wie auch der Kürassier-Helm, den der Junge offenbar gerade höflich abgenommen hat. Auf dem Tisch liegen weitere Gaben für ihn, eine „Täterätätä“, eine Trompete, und ein Spielzeughaus, vielleicht ein Ställchen als Gegenstück zu den Puppenhäusern, die das beliebte Geschenk in Bürgerfamilien für die Mädchen gewesen sind. Das zweijährige Carlchen hat das schöne große Bilderbuch bekommen, das die ältere Schwester, die elfjährige Helene Amalie Henriette, nun liebevoll für ihn aufblättert. Ihr gehört wohl das Buch, das Püppchen und der kleine Korb, die auf dem Gabentisch liegen.

Der Christbaum auf dem runden, weiß gedeckten Tisch ist eine Kiefer und gehört allen. Staketengeschützt steht er nach alter Sitte in einem so genannten Weihnachtsgärtchen und ist geschmückt mit ausgestanzten Krippenfiguren, mit dem Christkind als Wickelkind, mit Englein und Lämmchen, dazu mit roten Schleifen und weißen Kerzen. Ob das Spielzeughaus unter dem Baum, die Mini-Kopie eines Bürgerhauses, bei den de Bary-Gontards auch wie bei anderen Frankfurter Familien die Puppenhäuser, -theater und -küchen traditionsgemäß nur zu Weihnachten zum Spielen aufgebaut und danach wieder eingepackt wurde, hat der Maler nicht überliefert. Dafür zeigt er in der rechten Bildecke eine große Trommel nach Art der Soldatentrommeln der Frankfurter Bürgerwehr. Seit dem Mittelalter haben Trommeln als Geräusch erzeugende Instrumente zu den bevorzugten Spielsachen auch der kleinen Frankfurter gezählt. Als im 19. Jahrhundert solche Trommeln aus Blech hergestellt werden konnten und damit der Erwerb auch weniger bemittelten Eltern möglich geworden war, gehörten sie mit Säbel, Speer und Schild zum Gabentisch für die Buben wie die Püppchen der verschiedensten Ausführungen für die Mädchen. Auch Kleidung für die Kinder lag bisweilen unterm Christbaum. Äpfel, Nüsse und Zuckerwerk aber waren fester traditioneller Bestandteil des Gabentisches, der im 19. Jahrhundert auch bei den wohlsituierten Familien nie überladen, ja, eher bescheiden gedeckt war.

Weihnachten auf dem Westerwald

„Welch ein Augenblick, wenn der Nikolaus kam"

Weihnachtsfreuden im Schlüchterner Land

In den Dörfern des Schlüchterner Landes mit den schindelbeschlagenen Bauernhäusern und schlichten Lehmhütten war noch im 19. Jahrhundert von weihnachtlicher Vorfreude wenig zu spüren. Es roch weder nach leckeren Plätzchen – man musste sich mit einem „Kratzkuchen" aus Teigresten vom Brotbacken begnügen – noch wurde über Gaben getuschelt. Bei der großen Kinderzahl war es schwer, für jeden ein kleines Geschenk bereitzuhalten. Alle, Mutter und die größeren Schwestern, strickten emsig, um wenigstens schafwollene Strümpfe, Handschuhe, vielleicht sogar einen Schal oder eine Pudelmütze rechtzeitig fertig zu haben. In manchen Häusern zimmerten Vater und „Ällevoadder" (Großvater) an einem „Rompelschlittje" zum „Bäuchlingsfahren" oder für die Kleinsten an einem Stuhlschlitten, schnitzten an einem stabilen Schaukelpferd oder an einer derben Holzpuppe, doch oft musste sich das junge Volk mit ein Paar „Hölzernen" (Holzschuhen) begnügen, mit denen es sich auf den „Glötschen" (Eisrinnen am überlaufenden Dorfbrunnen) wunderbar gleiten ließ. Viele setzten die Hoffnung auf Petter und Goth (Paten); denn da fiel manchmal eine Münze ab, die dann freudestrahlend in die Sparbüchse geworfen wurde.

Einige Tage vor dem Fest brachte der Vater eine Fichte mit. Bei den wohlhabenden Bauern stammte sie aus dem eigenen Waldstück, manch armer Hüttner schlich sich allerdings bei Nacht und Nebel hinaus, um kostenlos ein Bäumchen zum Fest zu ergattern. Die Mutter suchte als Baumschmuck dann die roten „Christkennerje" (kleine Äpfel) und die in Silberpapier eingewickelten Nüsse zusammen und brachte ein paar Kerzen – oft nur Stummel vom Vorjahr – herbei. Es gab auch Häuser ganz ohne Lichterbaum. Für arme Kinder strahlte der Christbaum in der Kirche umso prächtiger, und sie drückten ihre Nasen an den Fenstern des Herrschafts- oder Pfarrhauses platt, wo oft sogar silbrige Kugeln von den thüringischen Glasbläsern aus Lauscha am Baume prangten.

Anders war es da schon im Kreisstädtchen. Die Färbermeisterstochter Gussi Volkmar, geborene Schäfer, schwärmte noch im neunten Lebensjahrzehnt von der Vorweihnachtszeit: „Meinem Elternhaus gegenüber lag der damalige Großladen Fehl mit zwei Schaufenstern rechts und links, zu dessen Tür in der Mitte eine hohe Treppe hinaufführte. Dieses Geschäft war für mich als Kind der Inbegriff aller Herrlichkeiten, zumal im Glanz der Weihnachtsausstellung, und ganz besonders, wenn ich diese Ausschmückung miterleben durfte.

Ich saß dann in Mamas gutem Stübchen, im Stil der Zeit Salon genannt, im oberen Stockwerk und folgte gespannt den Hantierungen der beiden Frauen Fehl, von uns Kindern als die schwarze und die rote ihrer Haarfarbe nach unterschieden. Da wurden nun Kisten und Kasten und Kästchen von den Lagerräumen heruntergeholt und ausgepackt. Welch ein Augenblick, wenn der alte von Watte umhüllte Nikolaus aus Wachs mit langem weißem Bart und purpurrotem, pelzverbrämtem Mäntelchen mit Kapuze zum Vorschein kam! In der Rechten hielt er den aufgeputzten Christbaum. Er fand seinen Platz im obersten Gefach eines der Schaufenster. Darunter wurde eine lange Kette von glitzerndem Lametta, funkelnden Glaskugeln und Lichtern gehängt, und noch weiter unten standen und saßen Puppen mit Schlafaugen in blauen und rosa Seidenkleidchen. Kein Ende des Schönen: in den insgesamt zwölf Gefachen häuften sich die Spielsachen groß und klein, Puppenküchen, Baukästen, Tiere und bunte Bälle. Auch die nützlichen Dinge des Alltags erregten Aufmerksamkeit durch ihre Vielfalt und festliche Aufmachung, Teller, Tassen und Kannen, auch wenn sie nicht alle aus Porzellan waren; Schürzen, Hauben und Tücher, auch wenn sie nicht alle aus Seide waren. Es gab auch noch eine große Stube voller Spielsachen im oberen Stock des zweiten Hauses. Wie gerne bin ich als bevorzugtes Nachbarskind die Treppenstufen hinaufgeeilt und habe mich an dem lockenden Tand satt gesehen. Die kleinen spielenden Drehorgeln stachen mir besonders in die Augen; als ich einmal an einer das Schildchen gewahr wurde, erschrak ich über den unheimlich hohen Preis: drei Mark und fünfzig Pfennig!

Die Käufer drängten sich an den Vorweihnachtstagen in den Räumen, nicht nur schlichtes Volk, Bauern und Bürger, waren erschienen, es zeigten sich auch Herrschaften in der Menge. Ihnen wurde respektvoll ausgewichen. Draußen auf dem Pflaster vor der Treppe hielt etwa die elegante Equipage der Baronin von Stumm aus dem Schloss Ramholz, der Kutscher auf hohem Bock mit Zylinder und

Weihnachtssorgen einer armen Frau, die ihr letztes Geld zählt

weißen Handschuhen, der Diener in Livree. Tochter Marguerite, die später den Baron von Kühlmann heiratete, begleitete oft ihre Mutter. Oder es standen der Halbwagen oder die Jagdkutsche des Landrats Roth da, die die zwei jüngeren Töchter Elsa und Vera von Ahlersbach hergelenkt hatten, auch Mitglieder der Brandensteiner Grafenfamilie waren zu sehen und Pächter vom Ulmbacher Elisabethenhof und anderen Gutshöfen. Es war Fehls Glanzzeit um die Jahrhundertwende!“

Ein anderes Schlüchterner Kind, Hermann Köhler, war ebenfalls von der weihnachtlichen Ausstellung in Fehls Laden bezaubert: „Wenn man den Laden betrat, ging es erst durch kleine dunkle Räume, dann führte ein schmales Treppchen hoch in ein niedriges Zimmer mit Nebenstübchen, das so weihnachtlich roch nach Tannen und Wachs. Es war wie in einem Andersenschen Märchen und tausendmal schöner als der Gang durch die Weihnachtsausstellungen der großen Warenhäuser. Fehls hatten damals schon für das kleine Landstädtchen Schlüchtern sehr schöne Sachen. Da gab es elektrische Eisenbahnen, Burgen, Puppenstuben, bunte Musikkreisel, Baukästen, Soldaten in herrlichen Schlachten zusammengestellt, Bücher, bunte Würfel, Gewehre, Uniformen, Uhren, Trompeten, Trommeln. Ich kann gar nicht alles schildern, was da an bunten Schätzen in meiner Erinnerung auftaucht. Das schönste waren für uns dann die Briefe, die wir dort kaufen konnten, mit den netten Bildchen darauf und dem Wunschzettel an das Christkind, den wir dann vor das Fenster im kleinen Wohnzimmer legten und dessen Verschwinden am nächsten Morgen von uns mit klopfendem Herzen festgestellt wurde. Der Besuch dieser Ausstellung hat uns jedenfalls nie den Glauben an das Christkind geraubt.“

Alfred Kühnert

„Trommel und Schlegel,
Ein Reiterpferd, ein Wägel ...“

Was man früher
zu Weihnachten schenkte

Das letzte Refugium des Odenwälder Schaukelpferdes

Der „Schoggelgaul" oder das „Odenwälder Schaukelpferd" wird seit knapp 100 Jahren in der Familie Krämer in derselben Form gefertigt, wobei jedes dieser seltenen handgearbeiteten Stücke individuell und einmalig ist. Firmengründer Adam Krämer hatte 1899 natürlich noch viel Konkurrenz im Odenwald – alles „Gailschesmacher", die mit dem „Odenwälder Schaukelpferd" in etwa ein und dieselbe „Rasse" dieser unverwüstlichen Holzpferdchen feilboten.

Inzwischen ist die Firma Holzspielwaren A. Krämer im Reichenheimer Ortsteil Beerfurth das letzte Refugium dieser einmaligen „Pferderasse". Es gibt zwar noch im Thüringer Wald einen Familienbetrieb, der Schaukelpferde nach historischen Vorbildern anfertigt, weiß Schwiegersohn Harald Boos, aber eben keine Odenwälder „Schoggelgäul".

„Gäulchenmacher" im Odenwald (Niederhausen), Holzschnitt: H. Gutgesell

Hier in Beerfurth ist alles noch beim Alten. Das fängt schon beim Firmennamen „A. Krämer“ an: Gründer Adam Krämer ließ seinen Sohn ebenfalls „Adam“ taufen und dem Enkel erging es nicht besser, wohl, damit keine neuen Firmenschilder gemalt werden mussten. Selbst der heute 65-jährige Urenkel Adam Krämer hat sich an diesen Standard gehalten: Seine Tochter heißt Annette und obwohl sie inzwischen einen Harald Boos geehelicht hat, bleibt das Firmen-Logo „A. Krämer“ erhalten.

Und die drei – Adam Krämer, seine Tochter Annette und Schwiegersohn Harald Boos – sind es, die heute noch die Tradition der Odenwälder Schaukelpferdchen hochhalten. Allein der Maschinenpark dieses Familienbetriebes würde jedem Technik-Museum zur Ehre gereichen. Das fängt bei der Gattersäge, Baujahr 1938, an, geht weiter über die 60 Jahre alte Drechselbank und endet beim urtümlichen Dampfofen aus den 20er Jahren.

Das modernste Gerät im Hause Krämer ist die 30 Jahre alte Dampfbiegemaschine, auf der die Buchenhölzer zu Schaukelpferd-Kufen gebogen werden. Allerdings wüten auf dieser Maschine auch tonnenschwere Kräfte, sodass sie wohl dem stärksten Verschleiß unterliegt. Hier wird in 50 Jahren sicher schon wieder etwas Neues angeschafft werden müssen.

In diesem musealen Maschinenpark im Hause Krämer sich umzuschauen, lohnt allein schon einen Besuch. Der Denkmalschutz ist hier recht lebendig, sind doch die Odenwälder Schaukelpferdchen schon immer so hergestellt worden.

Das fängt beim Holz bereits an. Es wächst ja in ausreichender Menge direkt vor der Tür und Transportprobleme gibt es nicht. Was dann mit individuellen Maßen durch die alte Gattersäge gelaufen ist – ein Sägewerk liefert dagegen nur Standardmaße – muss abgelagert werden. Das trifft vor allem für das Pappelholz zu, das zwar leicht, aber mit viel Feuchtigkeit behaftet ist. Mindestens drei Jahre muss es deshalb lagern, bis es schließlich zu Schaukelpferd-Rümpfen verarbeitet werden kann. Für den Rumpf eines Schaukelpferdes wird das leichte Pappelholz verwendet, damit sich ein Kind beim Spiel „Hoppe, hoppe Reiter – wenn er fällt, dann schreit er" nicht so leicht verletzen kann. Die schwere, aber feste und stabile Buche findet dagegen Verwendung für die Kufen eines Schaukelpferdes und für die vier Beine, die besonders belastbar sein müssen. Außerdem ist das Buchenholz elastischer als andere Holzsorten und lässt sich damit unter Dampf besser biegen. So entstehen daraus nicht nur die Kufen für den Schoggelgaul, sondern auch Rückenlehnen für die kleinen Kinder-Schaukelstühle.

Diese Kinder-Schaukelstühle mit dem Pferdchenkopf vorn dran, so berichtet Harald Boos, haben wesentlich zum Überleben des Betriebes beigetragen in einer Zeit, als Schaukelpferdchen überhaupt nicht mehr „in" waren.

Inzwischen hat sich die Nachfrage wieder verändert, wobei die Odenwälder Schaukelpferdchen heute zum großen Teil gar nicht mehr für die Kinder zum Spielen angeschafft werden, vielmehr stehen sie als dekorative Schaustücke mit musealem Touch in vielen Wohnungen.

Insgesamt fünf verschiedene Größen der hölzernen Rösser werden angeboten mit Schulterhöhen zwischen zehn Zentimetern und 55 Zentimetern und Preisen zwischen sieben Mark und 130 Mark, jeweils entweder als Rollenpferdchen oder als Kufenpferdchen. Dazu gibt es sogar Pferdegespanne mit Sandwagen oder separate Sandwagen, Bollerwagen und Leiterwagen, aber auch Holzschubkarren und Bauernwiegen für die Kinder und natürlich Kinder-Schaukelstühle.

Rund 3000 Schaukelpferdchen gehen auf diese Weise jedes Jahr von Beerfurth in die Welt. Mehr als 90 Prozent des gesamten Umsatzes wird mit privaten Einzelkunden gemacht, die nach Beerfurth kommen und sich „ihr“ Pferdchen aussuchen und abholen.

Auf dem Versandweg möchte Harald Boos seine Artikel nicht vermarkten, um den hohen Qualitätsstandard zu halten. Das Odenwälder Schaukelpferd soll kein Massenprodukt werden. Auch Sonderwünsche der Kunden können nur in einem begrenzten Umfang berücksichtigt werden. Lieber bietet er die „Schoggelgaül“ in naturbelassenem Zustand an, sodass die Kunden ihre eigenen Farbvorstellungen selbst verwirklichen können.

Die Odenwälder Schaukelpferde sollen qualitativ wertvolle Einzelstücke bleiben. An eine Massenproduktion ist in keinem Fall zu denken.

Lediglich auf einigen Handwerkermärkten, wie zum Beispiel in Seligenstadt, bietet die Familie ihre Produkte an. Außerdem sind die Schaukelpferdchen in den Puppenmuseen in Hanau und in Rothenburg ob der Tauber zu erwerben ebenso wie im Museum auf der Veste Otzberg im Odenwald, im Hessenpark in Neu-Anspach und im neuen Touristik-Zentrum vom benachbarten Erbach. Damit ist auch die Kapazität des kleinen Familienbetriebes voll ausgelastet.

Peter Giesa

Wie der Struwwelpeter entstand

Am 11. Dezember des Jahres 1844 schenkte mir meine Frau das zweite Kind, unsere Tochter Lina. Um diese Zeit wollte ich unserem Sohn Carl die Weihnachtsbescherung vorbereiten und suchte in den Buchläden nach einem passenden Bilderbuch, wie es für einen solchen kleinen Weltbürger sich schicken mochte; aber alles, was ich da zu sehen bekam, sagte mir wenig zu. Endlich kam ich heim und brachte ein Heft mit, welches ich meiner Frau mit den Worten überreichte: „Hier habe ich, was wir brauchen." Verwundert öffnete sie die Blätter und sagte: „Das ist ja ein leeres Schreibheft!" Worauf sie die Antwort erhielt: „Jawohl, aber da will ich dem Jungen schon selbst ein Bilderbuch herstellen!"

Das Kind lernt einfach nur durch das Auge, und nur das, was es sieht, begreift es. Mit moralischen Vorschriften zumal weiß es gar nichts anzufangen. Die Mahnung: Sei reinlich! Sei vorsichtig mit dem Feuerzeug und lass es liegen! Sei folgsam! – Das alles sind leere Worte für das Kind. Aber das Abbild des Schmutzfinken, des brennenden Kleides, des verunglückenden Unvorsichtigen, das Anschauen allein erklärt sich selbst und belehrt. Nicht umsonst sagt das Sprichwort: „Gebrannter Finger scheut das Feuer."

Ich machte mich nun in freien Stunden ohne viel Vorbereitungen ans Werk, hatte aber leider nicht bedacht, dass die Arbeit viel Zeit und Mühe erforderte, und mehrmals verwünschte ich es, die Geschichte angefangen zu haben. Ich hatte zu den Versen und den Zeichnungen dieselbe Feder und dieselbe gewöhnliche Tinte benutzt; als ich nun an das Kolorieren ging, flossen die Konturen in die Farben. Nun, was tat es! Es musste fortgefahren werden! Damals hielt ich fest an dem Grundsatz: Begonnenes muss fertig werden! Ich hatte schon öfters im Leben unangenehme Folgen des Gegenteils an mir selbst erlebt. Die Bilder zeichnete ich leicht in flüchtiger Weise, und die kindlichen

Der Struwwelpeter
oder
lustige Geschichten
und
drollige Bilder.
Wenn die Kinder artig sind,
Kommt zu ihnen das Christkind;
Wenn sie ihre Suppe essen
Und das Brod auch nicht vergessen,
Wenn sie ohne Lärm zu machen
Still sind bei den Siebensachen,
Beim Spaziergehn auf den Gassen
Von Mama sich führen lassen,
Bringt es ihnen Gut's genug
Und ein schönes Bilderbuch.
Literarische Anstalt.
Frankfurt a. M.

Verse fügten sich folgsam in kecken Reimen einer an den anderen, und so ward das Ganze fertig.

So ganz aus der Luft gegriffen waren übrigens die Geschichten doch nicht, die eine oder andere war doch auf praktischem Boden gewachsen, so namentlich der Hauptheld. Als Arzt bin ich oft einem störenden Hindernis bei der Behandlung kranker kleiner Kinder begegnet. Der Doktor und der Schornsteinfeger sind bei Müttern und Pflegerinnen zwei Popanze, um unfolgsame Sprösslinge zu schrecken und zu bändigen. „Wenn du zu viel isst, kommt der Doktor und gibt dir bittere Arznei oder setzt dir Blutegel an!“ Oder: „Wenn du unartig bist, so kommt der schwarze Schlotfeger und nimmt dich mit!“ Was folgt dann? Sowie der Doktor an das Bett des kleinen Patienten tritt, weint, brüllt, schreit dieser mörderisch! Wie soll man da die Temperatur prüfen, wie den Puls fühlen, wie den Leib betasten! Stundenlang dasitzen und abwarten, bis der Tumult sich gelegt hat und der Ermüdung gewichen ist, kann man auch nicht!

Da nahm ich rasch das Notizbuch aus der Tasche, ein Blatt wird herausgerissen, ein kleiner Bube mit dem Bleistift schnell hingezeichnet und nun erzählt, wie sich der Schlingel nicht die Haare, nicht die Nägel schneiden lässt; die Haare wachsen, die Nägel werden länger, aber immer lässt er sich dieselben nicht schneiden, und immer länger zeichne ich Haare und Nägel, bis zuletzt von der ganzen Figur nichts mehr zu sehen ist als Haarsträhne und Nägelklauen. Das frappiert den kleinen Desperaten derart, dass er schweigt, hinschaut, und mittlerweile weiß ich, wie es mit dem Pulse steht, wie seine Temperatur sich verhält, ob der Leib oder die Atmung schmerzhaft ist – und der Zweck ist erreicht.

Als das Buch fertig war bis auf das letzte Blatt, da war auch mein Bilderschatz zu Ende. Was sollte ich nun auf dies letzte leere Blatt bringen? Ei nun, da setzen wir den Struwwelpeter hin! So geschah es, und deshalb stand dieser Bursche in der ersten Auflage des Buches auf der letzten Seite. Aber die Kinderwelt traf das Rechte und forderte das

Buch einfach: „Ich will den Struwwelpeter!" Nun rückte das Blatt auf den Ehrenplatz vorn, und der frühere Titel machte dem jetzigen Platz. Also hieß es auch hier: „Die Letzten sollen die Ersten werden!"

Das Originalexemplar kam auf den Weihnachtstisch, mein Söhnchen hatte seine helle Freude daran. Nach einigen Tagen fand die Taufe des Mädchens statt, und da bekamen auch die eingeladenen Familienglieder des Vaters Wunderwerk zu sehen. Nun hieß es hier: „Das musst du drucken lassen; das darf der Junge nicht, wie zu erwarten ist, in ein paar Tagen zerreißen!"

Heinrich Hoffmann

Der Spielwarenhändler

Liebe Kindlein,
Kauft ein!
Hier ein Hündlein,
Hier ein Schwein;
Trommel und Schlegel,
Ein Reitpferd, ein Wägel,
Kugel und Kegel,
Kistchen und Pfeifer,
Kutschen und Läufer,
Hular und Schweizer,
Nur um ein paar Kreuzer
Ist alles dein;
Kindlein, kauf ein!

Johann Wolfgang von Goethe

Der Baldin

De Emil hot zu Weuhnaochte vun seune Maomme en sälwerg'strickte Baldin kriggt hatt. Er hot sich aorg g'fraat. Nu horrer nemmej beim Schlierern sou aorg friern misse. Er hot seun Baldin in de waorme Stubb im de Hals gebunne, hot sich näwer de Weuhnaochstbaom g'setzt, un mär hot net soue kenne, wer vun dene zwej mejner g'strahlt hot. Er hot als un als wirrer mit seune klaone Hennchen driwwer g'striche un hot des Gefiehl vun de waasche Woll sou gaonz genosse. Do sin seu Fingerschen aone Fusselche kumme. Däs horren g'steert. Er hot rimgediftelt. Es is net oabgaonge. Do horrer e wink fester gezooe. Do isses Fusselche e wink lenger worn ...

Die Grouße waorn all mit sich beschäfdischt. Sie häwwe net nooch ehrm Emilche geguckt. Un es Emilche hot dog'sotze un hot aom Fusselche gezooe. Es hot mit de Zeit schon a gaonz Badie Woll uff em Fußborrem geleje, äwwer de Emil hot nemmej uffhejern kenne. Schon waorer aom Hälsje. Do horrer de Baldin ausgezooe, weils en sou g'stremmt hot, un es issem aa haaß worm bei der Ärwet. Un er hot weirer gezooe un immer weirer.

Uff aomol guckt die Maomme her: „Ei, Emil!" hot se gekresche, „ei, Emil, waos machste daonn? Ei, du ziggst jao deun neie Baldin uff?" De Emil hot gaonz vedutzt geguckt un hot g'saot: „Ei, Maomme, ich zigg doch net mein Baldin uff, ich will doch när das Fusselche wägmache!"

Gertrud Berg-Oldendorf

Süßer die Kassen nie klingeln …

Von Weihnachtsstress und Konsumterror

Advent

Weihnachde nahd, es is Advent
im jeder lääfd un jeder rennd,
aa wenn mer hunnerdmal gesachd,
daß mer in dem Jahr garnix machd.

Ich zieh' mich vor dem Streß zurück
un kaaf kää G'schenk, kää äänzich Stück –
bloß fer moi Kinner, fer moin Mann,
E bißje was, so gut ich kann,
un fer die Oma, fer die Tant';
gäb' ich da nix, wär's scho e Schand'!
Un aa die Butzfraa muß was krieche!
Ich wer's scho irchendwie hiebieche;
denn was des da so alles kost' –
de Metzger, Bäcker, Kerze, Post!
Nää, ich mach' da ni länger mid
bei dem Gehetz' uff Schridd un Dridd!

Bloß ääns debei, des is gar dumm!
Ums Backe kommd e Fraa ni rum,
fünf Sorde Blätzjen, Weihnachdsstolle,
weil des die Kinner so gern wolle,
doch dann is Schluß, ich du's verspreche
un Schwüre dääd ich niemals breche.

'n scheene Baum muß hald noch bei
doch – jesses – da fälld mir grad oi,
ich braichd ja aa noch was zum Schmügge
un davor kann mer sich ni drügge!
Im Lädche an de Sparkass' hinne,
werd' ich Geeichendes scho finne,
vielleichd aa in de Drogerie
un des bressierd, da müßd ich hie.
Dann awwer werd's kääm Mensch gelinge,
mich noch zu weiderem zu zwinge
in dieser Zeid der B'sinnlichkeid!

Da kommd mer's, mir fehld ja e Kleid,
wenn mer Besuch kriechd odder machd,
warum hab' ich des ni bedachd?
Ich kaaf wohl glei dann noch dezu
die Strümp un bassend aa die Schuh'.
Am beste geh' ich jetz glei los;
denn moi Brogramm is werklich groß.

Doch dann – des sach' ich alle hier –
nemmd mich beim Word! – Aus – Ni mid mir!
Weil so e Vorweihnachdlichkeid
mir wahrlich stets e heil'che Zeid.
Da gehd mer in sich, blickd nach inne,
dud sich beschaulich neu besinne,
guckd froh un still ins Kerzelichd
un liest vielleicht! noch e Gedichd!

Doch jetz verzeihd – ich bin in Eil',
ich muß ja in die Stadt noi, weil
Weihnachde nahd, es is Advent,
wo jeder lääfd un jede rennd …

Irmes Eberth

Weihnachten – vom Familienfest zum Konsumterror

Die Kritik an der Kommerzialisierung des Festes ist alt. Mit der Kultivierung des Kirchenfestes zum häuslichen Familienfest ging auch die kalte Berechnung der Geschäftemacher einher. Im Sozialgefüge des 19. Jahrhunderts gab es eine breite Masse, die nur staunend dem vorweihnachtlichen Angebot gegenüberstand und von dem überreichen Angebot keinen Gebrauch machen konnte. Unser Landsmann Georg Büchner schreibt 1836 aus seinem vorübergehenden Exil in Straßburg an seine Eltern: „Ich komme vom Christkindlsmarkt, überall Haufen zerlumpter, frierender Kinder, die mit aufgerissenen Augen und traurigen Gesichtern vor den Herrlichkeiten aus Wasser und Mehl, Dreck und Goldpapier standen. Der Gedanke, dass für die meisten Menschen auch die armseligsten Genüsse und Freuden unerreichbare Kostbarkeiten sind, machte mich sehr bitter …“

Die Weihnachtszeit eröffnete aber auch den Ärmsten der Armen eine kleine Möglichkeit, sich ein Zubrot zu verdienen, wie es von dem missgebildeten „Portechaiseträger“ Johann Christoph Gelfius (1772–1826) aus Darmstadt heißt, der „auf dem Weihnachtsmarkte aus Lehm gebildete Figuren feilbot, von denen wir Knaben behaupteten, der Bildner habe das Modell von seinem Korpus genommen.“

Die Zeichnung von Ludwig Richter mit den Kindern, die Zwetschgenmännchen auf dem Dresdner Strietzelmarkt verkaufen (entstanden 1853), mag oberflächlich herzig und gemütvoll erscheinen. Schaut man aber dahinter, wird man die herbe Sozialkritik erkennen können, indem Kinder armer Leute frierend Waren für die feilbieten, die sie sich leisten können.

Wie sehr schon in der Mitte des 19. Jahrhunderts sich die Geschäftswelt in ihrem Angebot auf den weihnachtlichen Verkauf eingestellt hatte, können wir einem Essay entnehmen, in dem das Weihnachtsgeschäft im biedermeierlichen

D. Faix & Söhne, Hoflieferanten, Darmstadt

beehren sich zum Besuche ihrer großartig ausgestatteten

Weihnachts-Ausstellung

in **Spielwaaren u. Puppen, Galanterie-, Kurz- u. Lederwaaren sowie Velocipedes für Erwachsene und Kinder**

ergebenst einzuladen und sichern, wie bisher, sorgfältigste Bedienung bei billigsten Preisen zu

Reichhaltige Auswahl in Drei Mark-Artikeln

welche reizende, zu **Festgeschenken** vorzüglich geeignete Luxus- und Gebrauchsgegenstände enthält. Schriftliche Bestellungen werden promptest ausgeführt und Nichtconvenirendes bereitwilligst umgetauscht.

Reichillustrirte Preislisten gratis und franko.

Waarenhaus von Louis Dröll

Langen, Lutherplatz.

Große

Weihnachts-Ausstellung

zu Weihnachtsgeschenken empfehle mein reichhaltiges Lager neu eingetroffener

Luxus, Fantasie und Gebrauchsartikeln ꝛc.

mannigfachster Art zu den billigsten Preisen:

Lampen in großer Auswahl, Zug- und Hängelampen, Tischlampen, Küchen- und Wandlampen, Phönixlampen, Blitzlampen, Ampeln, Sturmlaternen, Taschenlaternen, Nachtlichter ꝛc., ꝛc., von den einfachsten bis zu den elegantesten.

Wein- u. Bierservicen, Punsch- und Liqueurservicen, Glasschüsseln, Obstschalen, Tafelaufsätze, Schmuckschalen, Sturz- und Wasserflaschen, Fischglocken, Leuchter, Bierseidel, Glasglocken, Senfmenage, **Kaffee-, Thee- und Eßservicen** von den billigsten bis zu den feinsten, Waschgarnituren, Kuchenteller, Confectschalen, Brodkörben ꝛc.

Goldtassen, sortirt in großer Auswahl, Aschenbecher, Blumenvasen, Schreibzeuge, Cigarren-Etuis, Brieftaschen, chinesische Bretter, Kaffee- und Theebretter, Figuren, Nippsachen und sonst allerlei Haushaltungsgegenstände:

ferner **Elfenbeinschnitzereien, hübsche Sachen,**

(im Erker ausgestellt).

Cigarrenspitzen in reicher Auswahl, in Meerschaum, Bernstein und Weichsel.

Zum Besuche meiner Ausstellung lade ergebenst ein.

Anzeigen aus dem Jahre 1910

Offenbach geschildert wird (siehe Offenbacher Weihnachten vor 160 Jahren, S. 178).

Gegen Ende des 19. Jahrhunderts war dann die Weihnachtszeit gekennzeichnet vom schier unübersehbaren Angebot, welches von den großen Kaufhäusern ausging. Die Zeitungen waren angefüllt von Anzeigen, die das weihnachtliche Angebot offerierten. Es waren die Glanzzeiten der Modegeschäfte: Die Stoff-Fülle der Damen-Toiletten mit Volants, Schleifen, Stickereien und Schmuckknöpfen, die riesigen Hüte mit Straußenfedern, Bändern, Blumen und Früchten garniert, waren ein teures Vergnügen. Kein Wunder, dass der Redakteur der „Kleinen Presse", einem gern gelesenen Frankfurter Journal, zu einem entsprechenden Zeitungsbild des Jahres 1898 schreibt: „Der Ehemann pflegt, wenn seine Frau vor dem Schaufenster eines Modebazars Halt macht, weniger lebhaften Anteil an der Schau zu nehmen, öfter zeigt er dann die seitwärts gewandte Haltung des Göttervaters Wotan in der Schlussszene der ‚Walküre', da wo es heißt: Nicht wissen darf ich, was sie sich wünscht."

Aber auch die Sorgen einer armen Frau, die vor dem Bazar ihr letztes Geld zählt, werden von dem aufmerksamen Chronisten der Zeitverhältnisse wiedergegeben: „Wird sie ihren Kindern alle Weihnachtswünsche erfüllen können? Oh, wenn es nur zu einem Schäfchen für das Kleinste reichen würde, zu einer Puppe für das Töchterchen an ihrer Seite, zu einem Paar Stiefel für den Dreizehnjährigen daheim und zu einer warmen Jacke für die siebzehnjährige Schwester, die täglich in aller Morgenfrühe den langen Weg zur Fabrik machen muss!"

Um die Jahrhundertwende gehen die Kaufhäuser der Städte in die Offensive: Der Werbe- und Verkaufsrummel wird organisiert und entwickelt sich fort. 1909 wird erstmals in der Residenz Darmstadt das breit gefächerte Szenarium vorweihnachtlichen Kommerzes initiiert:

„Die Darmstädter Geschäftswelt veranstaltet am 1. Advent, 28. d. Mts. einen Allgemeinen Verkaufs- und Dekorationstag. Durch besonders hervorragende und künstlerische Dekorationen der Schaufenster wollen die Geschäftsinhaber der Residenz ihre Leistungsfähigkeit beweisen und damit dem Publikum vor Augen führen, dass es seinen Bedarf in allen Artikeln in vorzüglicher Weise stets am Platze preiswürdig und reell decken kann und nicht nötig hat, in die Ferne zu schweifen.

Um der Veranstaltung auch äußerlich ein besonderes Gepräge zu geben, werden die Firmen diesen geschäftlichen Ehrentag durch Häuserschmuck, abendliche Beleuchtung und Illumination der Geschäftshäuser feiern.

Vormittag von 11 $^1/_4$ bis 12 $^1/_4$ Uhr ist Parolemusik auf dem Paradeplatz. Von halb 4 Uhr nachmittags bis 7 Uhr abends werden Promenadenkonzerte auf dem Markt- und Luisenplatze und der oberen Wilhelminenstraße durch 3 Kapellen zur Aufführung kommen. Ein Besuch unserer Residenz dürfte sich an diesem Tage empfehlen. Gleichzeitig kann damit auch eine Besichtigung des Landesmuseums, des städt. Museums, des neuen Schwimmbades, Hoftheaters und Orpheums verbunden werden."

Gerd J. Grein

Offenbacher Weihnachten vor 160 Jahren

Weihnachten 1840! Damals gab es in Offenbach wie auch in anderen deutschen Städten noch keine so großartig ausgestatteten und prächtig beleuchteten Schaufenster wie heute, an deren herrlichem Inhalt sich die Kinder in der Weihnachtszeit nicht satt sehen können. Die Geschäftsleute besaßen nur so genannte „Ausstellläden". Das waren Fenster ihres Verkaufsraumes, worin sie ihre Waren zur Schau stellten und den Käufern anboten. In diesen Ausstellläden bauten die Ladeninhaber vor einhundertsechzig Jahren auch ihre Geschenkartikel zum bevorstehenden Weihnachtsfest auf.

Da waren in unserer Vaterstadt zunächst die Zuckerbäcker oder Konditoren. Der Konditor H. P. Berz begann Mitte Dezember 1840 mit seiner Weihnachtsausstellung. Einige Tage darauf eröffnete auch der Konditor C. F. M. Engelhardt seine Ausstellung. Er bemerkt, er habe bei der Ausführung der verschiedenen Gegenstände alles aufgeboten, um jedem Wunsche entsprechen zu können. Der Bäckermeister Johann Pfaff empfiehlt Baseler und Anisgebackenes. Auch Bäckermeister Christian Müller in der

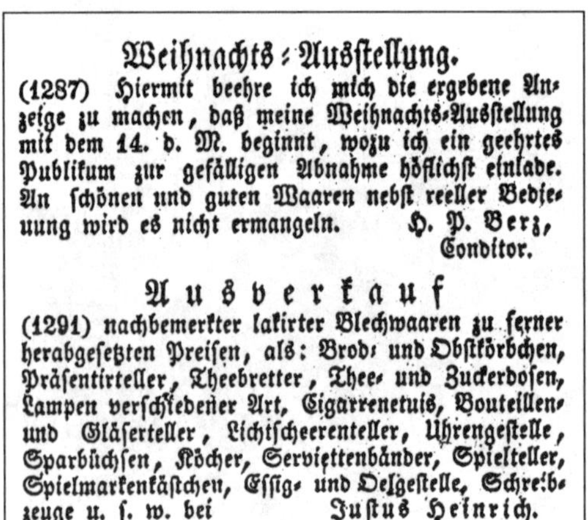

Weihnachts-Ausstellung.

(1287) Hiermit beehre ich mich die ergebene Anzeige zu machen, daß meine Weihnachts-Ausstellung mit dem 14. d. M. beginnt, wozu ich ein geehrtes Publikum zur gefälligen Abnahme höflichst einlade. An schönen und guten Waaren nebst reeller Bedieuung wird es nicht ermangeln. H. P. Berz, Conditor.

Ausverkauf

(1291) nachbemerkter lakirter Blechwaaren zu ferner herabgesetzten Preisen, als: Brod- und Obstkörbchen, Präsentirteller, Theebretter, Thee- und Zuckerdosen, Lampen verschiedener Art, Cigarrenetuis, Bouteillen- und Gläserteller, Lichtscheerenteller, Uhrengestelle, Sparbüchsen, Köcher, Serviettenbänder, Spielteller, Spielmarkenkästchen, Essig- und Oelgestelle, Schreibzeuge u. s. w. bei Justus Heinrich.

Großen Marktstraße stellt Anis- und Baseler Konfekt her. Bei A. Winter in der Herrnstraße sind Honig- und Nürnberger Lebkuchen zu haben. W. F. Simones in der Schlossstraße empfiehlt sein aufs Beste ausgestattetes Lager aller Arten Kinderspielwaren, Puppen, Bilderbücher, Bilderbogen, Farbkästen, Lederwaren usw. Spielwaren verkauft auch der Bürstenmacher D. Schwarz im Kleinen Biergrund. Der Friseur Hergenröder in der Großen Marktstraße empfiehlt seine Zinnfiguren, Kaffee-Tafel-Service, Küchengeschirr usw. in Schachteln zu Geschenken für Kinder zur geneigten Abnahme. Unsere Stadt besaß damals eine Verlagsbuchhandlung, deren Besitzer Ernst Heinemann war. Er empfiehlt zum Feste sein reiches Lager in Bilderbüchern mit und ohne Text, deutschen und französischen Jugendschriften, Vorlagen zum Zeichnen, Vorschriften, Andachts- und Gebetbüchern, ferner die deutschen Klassiker in Taschenausgaben und die neuesten Werke der belletristischen Literatur. Als passendes Geschenk für kleine Kinder preist er ein Schriftchen an, das einige Monate vorher in seinem Verlag erschien: „Geschichten für Kinder, welche noch nicht lesen, zu erzählen von Müttern, Geschwistern und Lehrern.“ Das Buch, das der Empfehlung nach sogleich nach Erscheinen in vielen Gegenden Deutschlands die beifälligste Aufnahme gefunden haben soll, kostete 18 Kreuzer. C. Kugler in der Frankfurter Straße empfiehlt seine führenden Galanterie-, Bronze-, Stahl- und Lava-Waren, sein vergoldetes Pariser Porzellan in einzelnen Tassen und ganzen Servicen, vergoldete und gemalte Blumenvasen, seine geschliffenen Glaswaren und Gläser, seine Lederwaren sowie auch ein schönes Lager von Kinderspielwaren, Puppenköpfen und Ledergestellen und noch vielen anderen Gegenständen.

In der Frankfurter Straße hatte auch E. Schmidt sein Geschäft, der als Geschenke alle Sorten Handschuhe und Handschuhhalter empfiehlt, ferner Hosenträger, Strumpfbänder, Tabaksbeutel, Krawatten für Herren sowie Gold-, Silber- und Stahlperlen, Seiden- und Stramintaschen, Chemisetten, Kragen, fertige Stramin-Hosenträger und alle in dieses Fach einschlagenden Artikel. Zum Weihnachtsabend fand in unserer Stadt auch eine Lotterie statt. Die Ziehung ging unter polizeilicher Beaufsichtigung vor sich. Ausgespielt wurde ein Tafelpianoforte und eine Anzahl wertvoller und vollständiger Reißzeuge, Farbkasten und anderes. Im Ganzen gab es 800 Lose, wovon 380 Treffer waren. Die Gewinne hatten einen Gesamtwert von 1400 Gulden. Ein Los kostete 1 Gulden 45 Kreuzer. Der Gastgeber zum „Frankfurter Hof" in Oberrad lud zum ersten Weihnachtsfeiertag, mittags 1 Uhr, frohsinnige Gäste zu einer „Table d'hot" ein. Ein Gedeck kostete, die Getränke ausgenommen, dreißig Kreuzer.

Am zweiten Feiertag fanden zwei Bälle statt, der eine im Schauspielhaus und der andere im „Darmstädter Hof."

Erich Jost

Umtauschzeit

Mer hat sich gefreut
Üwwer all die Geschenke,
un jetzt hat mer Zeit,
an de Umtausch zu denke!

Die Hos war zu korz
un de Pulli zu weit,
de Heimwerker falsch
un de Gertel zu breit.

Des lässt sich behewe,
Verkäufer sin nett,
wenn ich nur die
Kassebelege noch hätt!

Erich Fries

De Weihnachts-Hunnerder

Heit Nacht is mers komme,
was ich dir jetz schenk',
un so wär's G'scheid'ste,
wie ich mer des denk'.

Du hast doch scho alles,
des wääß ich von dir,
un rumgedrehd isses
's selwe bei mir.

Ich geb' dir 'n Hunnerder,
da wär' doch im Nu
die Sach' schnell erledichd
un ich hädd' moi Ruh',
un du gibst mer aa ään!

Doch hädd' ich's ganz gern,
du nähmst grad 'n annern;
denn überraschd möchd' ich wern!

Irmes Eberth

Die Autoren

Assion, Peter (1941–1994)
Geboren wurde Peter Assion im nordbadischen Wallfahrtsort Walldürn. Die Jugendzeit in dieser „kleinstädtischen Fachwerkidylle“ und die ihm von seiner Mutter vermittelte Liebe zum heimatlichen Odenwald waren Grundsteine für sein Interesse an Regionalgeschichte und Volkskunde. Nach dem Universitätsstudium in Heidelberg übernahm er die Leitung der badischen Landesstelle für Volkskunde 1970. 1975 habilitierte er sich an der Universität Heidelberg für deutsche Philologie und Volkskunde. Lehrstuhlinhaber an den Universitäten Marburg und ab 1991 in Freiburg, wo er auch das Institut für Ostdeutsche Volkskunde leitete. Zahlreiche Publikationen über religiöse Volkskunde, Auswanderungen, Sachvolkskunde, Sagen, Heimatkunde.

Berg-Oldendorf, Gertrud
Geboren 1925 im Odenwalddorf Niedernhausen, wo ihr Vater Dorfschullehrer war. In der ländlichen Umgebung wurde früh ihr Interesse an Land und Leuten geweckt. Besonders die Mundart und der verschmitzte Humor der Odenwälder rund um das Renaissance-Schloss Lichtenberg hatten es ihr angetan. Mit 60 Jahren hat sie ihr erstes Buch geschrieben. Weitere acht folgten. Die hier wiedergegebenen Geschichten stammen aus ihren Büchern „Uff de Linnebenk“ und „Waos ich noch vezejle wollt“.

Bethmann, Johann Philipp
Johann Philipp Freiherr von Bethmann wurde 1924 geboren und ist Spross einer alteingesessenen Frankfurter Patrizierfamilie, die 1748 das bekannte Bankhaus Gebrüder Bethmann gründete. Er war nicht nur Bankier und Autor wissenschaftlicher Werke, sondern in erster Linie Vertreter der Frankfurter Bürgerkultur, die sich in zahlreichen Aktivitäten dokumentierte. Nach der Veräußerung der Privatbank 1983 widmete sich Johann Philipp Freiherr von Bethmann fast ausschließlich dem Kulturleben seiner Vaterstadt. Die Veröffentlichung über die „Bethmännchen“ ist von der Frankfurter Konditorinnung 1988 zum 150-jährigen Jubiläum des typischen Frankfurter Gebäcks herausgegeben worden.

Coordes, Gesa
Die freie Journalistin wurde 1963 in Karlsruhe geboren, wuchs in Kassel und Marburg auf, wo sie auch ein Studium in Europäischer Ethnologie absolvierte. Nach journalistischem Volontariat und zwei mehrjährigen Aufenthalten in Frankreich ist sie seit 1994 freie Mitarbeiterin bei der „Frankfurter Rundschau“, wo auch ihr Beitrag erschienen ist.

Eberth, Irmes
Geboren in Aschaffenburg und ein Leben lang dort ansässig, hat sie sich bereits seit Jahrzehnten einen Namen als Mundartautorin gemacht. Ihre bislang sechs Bücher sind vorwiegend im Dialekt ihrer Heimat geschrieben. Sie ist freie Mitarbeiterin des Bayerischen Rundfunks und des „Main-Echo“. Für ihre „Wendig-, Witzig- und Widersprüchlichkeit“ erhielt sie als hohe Auszeichnung den „Frankenwürfel“.

Franke, Thomas
Der Westfale Thomas Franke wurde 1964 geboren und verbrachte seine Kindheit in Minden, bevor er in Hamburg ein Studium der Volkswirtschaft absolvierte. 8 Jahre war er als Wirtschaftsredakteur bei der „Frankfurter Allgemeinen Zeitung“ tätig, wo auch sein Beitrag über die Schokoladennikolause am 6. 12. 1998 erschien. Thomas Franke ist im Bereich Öffentlichkeitsarbeit tätig und lebt in Bad Vilbel.

Fries, Erich (1924–2000)
Als dichtender Zahnarzt ist Erich Fries in die Annalen seiner Heimatstadt Frankfurt eingegangen. Bereits mit 9 Jahren verfasste er Gedichte, und der „Frankfurter Generalanzeiger“ druckte sie ab. Sein Œuvre umfasst zahlreiche Gedichte, die in vielen Gedichtbänden abgedruckt wurden. Seine eigenständigen Gedichtsammlungen sind „Vaddersorje“ und „Die Venus vom Maa“.

Giesa, Peter
1937 in Berlin geboren. Studium als Maschinenbauer. Mitte der 60er Jahre verschlug es ihn nach Hessen, wo er dann als Journalist bei verschiedenen Heimatzeitungen tätig war. Zunächst arbeitete er für die „Offenbach-Post“ und dann 23 Jahre für den „Dreieich-Spiegel“, wo auch seine Abhandlung über die Odenwälder Gäulchen erschien.

Glänzer, Anna Elisabeth
Annleis Glänzer (der Vorname wird in Schwälmer Art verkürzt und zusammengezogen) wurde 1929 in Niedergrenzebach, einem typischen Schwälmer Dorf mit regionaler Kultur, geboren. Nach der Schulausbildung absolvierte sie ein Landjahr und gewann Interesse an Volks- und Heimatkunde. Zusammen mit ihrem Mann gründete sie die „Brauchtumsgruppe Glänzer" und war zudem 12 Jahre ehrenamtliche Mitarbeiterin am Museum der Schwalm in Schwalmstadt-Ziegenhain. Zahlreiche Mundartgedichte und -geschichten hat sie verfasst.

Goethe, Johann Wolfgang von
Johann Wolfgang (seit 1782 von) Goethe wurde am 28. 8. 1749 in Frankfurt a. M. als Sohn eines kaiserlichen Rates geboren. Zusammen mit seiner Schwester Cornelia verlebte er seine Kindheit und Jugend in Frankfurt. Er studierte Jura in Leipzig und schloss 1771 in Straßburg sein Studium ab. In Frankfurt ließ er sich als Rechtsanwalt nieder. 1775 übersiedelte er auf Einladung des Herzogs Karl August nach Weimar und wurde dort zunächst Geheimer Legationsrat, später Fürstenerzieher, Staatsrat und Minister. Ausgedehnte Reisen führten ihn mehrfach nach Italien. Er starb am 22. 3. 1832 in Weimar. Johann Wolfgang von Goethe gilt heute noch als der größte deutsche Dichter. Sein umfangreiches Werk umfasst Lyrik, Dramen, epische Werke und wissenschaftliche Abhandlungen und beeinflusst bis heute nicht nur die deutsche Literatur.

Grein, Gerd Jürgen
Geboren 1944 in Langen bei Frankfurt. Dort Schulbildung, Ausbildung zum Verwaltungsbeamten und Sozialarbeiter. Seit frühester Kindheit Sammler hessischer Volkskultur. 1974 Einrichtung der „Sammlung zur Volkskunde in Hessen", Museum im Alten Rathaus von Otzberg-Lengfeld. Zahlreiche volks- und kulturgeschichtliche Sonderausstellungen, Vorträge, Veröffentlichungen und Aktionen. Kümmert sich auch um die Vermarktung bodenständiger Produkte, wie Apfelweine u. a. Gerd J. Grein wurde für seine Verdienste um die hessische Volkskultur mit dem hessischen Kulturpreis, dem Europapreis für Volkskunst der Stiftung F. V. S. zu Hamburg und mit dem Bundesverdienstkreuz ausgezeichnet.

Gundlach, Karl Heinz
Geboren 1927 in Frankfurt a. M. Spross einer traditionsreichen Konditorfamilie aus der „Fressgass", die bekannt für ihre Pralinen

geworden ist. Er selbst führte die elterliche Konditorei fort und ist langjähriges Mitglied der Frankfurter Konditorinnung.

Happ, Ferdinand (1868–1952)
Die Familie stammt aus Rückers in der Rhön und kam Anfang des 19. Jahrhunderts nach Frankfurt. Der Großvater Ferdinand Happs war noch Herrschaftsgärtner bei der Familie Gontard. Er selbst absolvierte ein technisches Studium in München, wurde Präsident der Reichsbahndirektion, Ehrensenator der technischen Universität München und musste 1933 den Staatsdienst verlassen. In den dreißiger und vierziger Jahren wurden dann seine Gedichtbände „Die Hausapothek“, „Die Bodanisierbix“ und „Die Knoppschachtel“ herausgegeben. Aus der letzteren Veröffentlichung stammt das Gedicht vom „Chrißbaamständer“.

Hoffmann, Heinrich
Aus „Struwwelpeter-Hoffmann erzählt aus seinem Leben“, Lebenserinnerungen Dr. Heinrich Hoffmann, herausgegeben von Eduard Hessenberg, Verlag Englert und Schlosser, Frankfurt am Main 1926. Heinrich Hoffmann wurde am 13. 6. 1809 in Frankfurt am Main geboren. Er studierte Medizin in Heidelberg und Halle und wurde in Paris ausgebildet. 1833 ließ er sich als Arzt in seiner Heimatstadt nieder. Von 1851 bis 1888 war er Direktor der städtischen Irrenanstalt. Bekannt ist er heute noch durch seine selbst illustrierten Kinderbücher, von denen der Struwwelpeter weltberühmt ist und in viele Sprachen übersetzt wurde. Heinrich Hoffmann starb am 20. 9. 1894 in Frankfurt am Main.

Jost, Erich
Als Sohn des Lehrers Georg Jost 1923 in Offenbach a. M. geboren. Durch seinen Vater hat er Anregungen zur Heimat- und Volksforschung erhalten. Als Schüler schrieb er den Artikel über die Offenbacher Weihnacht. Nach einem späteren Studium war er lange Zeit Richter am Amtsgericht in Offenbach. Erich Jost lebt in seiner Heimatstadt.

Krämer, Friedrich (1890–1965)
Der gebürtige Odenwälder war lange in Darmstadt als Gymnasiallehrer tätig. Seine Mundartgeschichten wurden in verschiedenen Zeitungen und Periodika veröffentlicht. Bekannt wurde sein Buch „Bauernlewe im Oorewaold“ (1958).

Kühnert, Alfred (1919–2000)
Schon während seines Pädagogik-Studiums zeigte er ein besonderes Interesse für Heimat- und Volkskunde. Nach Krieg und Gefangenschaft fand der gebürtige Thüringer eine Anstellung als Schulleiter in Oberzell, einem Dorf in der Vorderröhn. Dem „Bergwinkel" galt seine ganze Liebe. In über 1000 Artikeln gab er seine Forschungsergebnisse weiter. Insgesamt sieben Bücher hat er der Heimat- und Volkskunde dieser Landschaft gewidmet und wurde dafür mit dem Kulturpreis des Main-Kinzig-Kreises ausgezeichnet.

Landau, (Johann) Georg (1807–1865)
Der 1807 in Kassel geborene Archivar , ab 1864 Archivrat, hat zahlreiche historisch-topografische Werke verfasst. Seine Schrift zur hessischen Volkskunde, „Sitte und Brauch in Hessen vor 100 Jahren" erschien 1859. Landau verstarb 1865 in Kassel.

Lichtenberg, Johann Conrad (1689–1751)
Der Vater des berühmten Aphoristikers, Naturwissenschaftlers und Philosophen Georg Christoph Lichtenberg (1742–1799) war Pfarrer und Architekt. Er übersiedelte nach seinem Studium in Halle nach Hessen. Johann C. Lichtenberg war nicht nur durch den Frankeschen Pietismus, den er in Halle kennen gelernt hatte, stark beeinflusst, sondern auch an naturwissenschaftlichen Phänomenen so interessiert, dass er ein Labor in seinem Hause in Ober-Ramstadt bei Darmstadt für Experimente einrichtete. Neben seiner Leidenschaft für die Mathematik und Physik, die sein später berühmter Sohn von ihm offenbar erbte, schrieb er auch erbauliche Literatur für seine Gemeinde.

Löber, Karl (1901–1982)
Der Sohn eines Handwerksmeisters aus Haiger im ehemaligen Dillkreis war als klassischer Landschullehrer zunächst an einer kleinen Dorfschule und später in anderen Schulen seiner Heimat, bis er Rektor der Hauptschule seiner Heimatstadt wurde. Schon früh wurde sein Interesse an der Heimat- und Volkskunde geweckt. Zahlreich sind seine Veröffentlichungen ab den 30er Jahren in Heimatblättern, Jahrbüchern usw. Bekannt wurde er durch seine Bücher „Beharrung und Bewegung im Volksleben des Dillkreises", welches ihm die Ehrendoktorwürde einbrachte, und „Pflanzen des Grenzgebietes von Westerwald und Rothaar"(1972).

Mörike, Eduard
Eduard Mörike wurde am 8. 9. 1804 als Sohn eines Kreismedizinalrats in Ludwigsburg geboren. Er besuchte dort die Lateinschule, kam 1817 nach Stuttgart und ein Jahr später nach Urach aufs Seminar. 1822 begann er mit dem Theologiestudium im Tübinger Stift. Einer Vikariatszeit in verschiedenen Gemeinden folgte eine Pfarrstelle in Cleversulzbach von 1834 bis 1843. Bereits vierzigjährig schied er aus dem Amt und lebte fortan in Schwäbisch Hall, dann in Mergentheim und als Professor in Stuttgart. Dort starb er am 4. 6. 1875. Seine Novellen und Märchen gehören zum klassischen Bestand deutscher Literatur.

Post, Rudolf
Geb. 1944 in Bad Salzschlirf. Seit 1981 Leiter der Arbeitsstelle „Pfälzisches Wörterbuch" der Akademie der Wissenschaft und der Literatur Mainz in Kaiserslautern, wo er lebt. Mehrere Veröffentlichungen über osthessische und rheinfränkische Mundarten.

Rühl, Werner
Werner Rühl, der Mundartdichter, Karnevalist, Schauspieler, ist „gelernter" Polizist und wurde 1936 in Darmstadt geboren und mit Woog-Wasser getauft. 1954 begann er seine Ausbildung bei der Polizei, war ab 1967 Vize-Revierleiter, bevor er 1978 Pressesprecher beim Polizeipräsidium wurde. Seit 1965 gehört er der Hessischen Spielgemeinschaft an. Über 1200 Mundartgedichte sind in seinen sechs Gedichtbänden erschienen.

Schneider, Robert (1875–1945)
Robert Schneider entwickelte sich zum bekanntesten und meistgelesenen Mundartliterat in Darmstadt. Seine Gedichte und Geschichten von der „Familie Briehhinkel" und von „Binchen Bimbernell" sind in zahlreichen kleineren Bändchen und als Zeitungsartikel erschienen.

Wagner, Botho G.
Geboren 1936 und im Rhein-Main-Gebiet aufgewachsen, arbeitete er mehrere Jahrzehnte als Journalist für die „Offenbach-Post". Seine Interessensgebiete umfassen u. a. historisches Blechspielzeug. Hierüber hat er viele Publikationen herausgegeben.

Walter, Friedrich (1887–1983)
Der Bauernsohn aus dem vorderen Odenwald wuchs in Lengfeld auf und schlug den Beruf des Lehrers ein. Im hessischen Ried, in Waller-

städten, war er jahrzehntelang tätig und war Dorfschullehrer im echtesten Sinne. Seine volks- und heimatkundlichen Bestrebungen setzte er verstärkt nach seiner Pensionierung fort, als er wieder seinen Wohnsitz in seinem Heimatdorf nahm. Bekannt wurde er als fulminanter Erzähler; nur wenige Erzählungen hat er niedergeschrieben: Die Schilderung vom Lengfelder Weihnachtsmarkt ist eine davon.

Weber, Otto
Otto Weber wuchs in Ober-Ramstadt, dem Geburtsort von J. C. Lichtenberg, auf, dessen Andenken weite Teile seiner Forschungs- und Ausstellungstätigkeit gehören. Seit 1963 gehört er dem Vorstand des Vereins für Heimatgeschichte an und ist ehrenamtlicher Leiter des Heimatmuseums, dessen Schwerpunkt regionale Handwerks- und Industriegeschichte ist. Lange Jahre war Otto Weber Vorsitzender des Denkmalbeirates des Kreises Darmstadt-Dieburg.

Wette, Adelheid
„Das Fest der Liebe" (Gedicht) stammt aus „Weihnachtsgedichte", für den Schulgebrauch zusammengestellt von Werner Wolk, Deutsche Jugendbücherei Nr. 375, Verlag Deutsche Jugendbuchbücherei GmbH, Berlin-Grunewald. Adelheid Wette, geborene Humperdinck, erblickte am 4. 9. 1858 in Siegburg das Licht der Welt. Außer Kinderliedern schrieb sie einige Märchenspiele. Am bekanntesten wurde ihr Märchenspiel „Hänsel und Gretel", vertont von Engelbert Humperdinck. Adelheid Wette starb am 9. 8. 1916 in Eberstadt.

Zenetti, Lothar
1926 in Frankfurt geboren. Nach Kriegseinsatz und Gefangenschaft studierte er Philosophie und Theologie. Er erhielt 1952 die Priesterweihe und war zehn Jahre lang Kaplan, u. a. in Königstein und Wiesbaden, von 1962 bis 1969 dann Stadtjugendpfarrer in Frankfurt. Seit 1969 ist er dort Pfarrer der St.-Wendel-Gemeinde und seit 1976 zugleich Dekan von Frankfurt-Süd. Neben zahlreichen anderen Veröffentlichungen – darunter Liedtexte und Schallplatten – ist er der Verfasser des Frankfurter Weihnachtsbuches „Das allerschönste Fest".

Der Verlag dankt allen Autoren, Rechtsinhabern und Verlagen für die freundlichen Erlaubnisse zum Abdruck der Beiträge. In den Fällen, in denen die Inhaber der Rechte trotz aller Bemühungen nicht festzustellen oder erreichbar waren, verpflichtet sich der Verlag, rechtmäßige Ansprüche im üblichen Rahmen abzugelten.

Inhaltsverzeichnis